JN091516

AMERICA IN THE EYES OF OTHERS

Issues in Comparative Cultural / Literary Studies

問題としての「アメリカ」

比較文学・比較文化の視点から

日本比較文学会
東北支部 ［編］

晃洋書房

は じ め に

　本書は，『問題としての「アメリカ」』というタイトルのもと，比較文学・比較文化の視点から「アメリカ」を論じた12本の論考を収めています．日米間の比較文学・文化の研究者のほかに，日本，東アジア，ロシアの文学を専門とし，アメリカ文学・文化を主たる専門領域としない執筆者も多く含まれています．ここでいう「アメリカ」とは，南北アメリカ大陸ではなくアメリカ合衆国のことですが，それは日本から見て太平洋のかなたにある現実の場所，約240年の歴史を持つ主権国家のことであると同時に，戦後日本に遍在しているアメリカ生まれの，またアメリカの影響を受けた文化・芸術，思想や生活様式，そしてこれらの媒介項を通して想像されるアメリカのイメージを含んでいます．また，本書の後半で確認できるように，本書は日本から見たアメリカに対象を限定していません．例えばロシアから見ると，視線の向きによってアメリカは「太平洋のかなた」とも，「ヨーロッパの先にある大西洋のかなた」とも感じられるはずです．さらには，超大国としての存在感ゆえに，我々はアメリカについて考える際「世界の中のアメリカ」という視点も持つことになります．すでにおわかりのように，本書はアメリカ合衆国自体を対象にしているというより，アメリカについて考えることから逃れられない非アメリカの人々の文学や文化，思想を主に問題にしています．

　本書第Ⅰ部は「日本文化における『アメリカ』」と題されていますが，このタイトルからは予想し難いほどの多様なアプローチにご注目いただきたいと思います．戦後の比較文学研究の主たるテーマの1つは，日本近代文学における欧米作家の影響であり，アメリカに関してはフランクリンに始まり，ロングフェロー，ポー，ホイットマン等のテクストが日本でどのような文脈において受容され，どのような役割を果たしたかがしばしば論じられてきました．本書ではこうしたアプローチとは異なり，（扱う時代が後になっているせいもありますが）より直接的な文化間交渉に焦点を当て，アメリカを媒介とした日本（人）の表象や日本文学のイメージ形成，それに伴う日米の地政学的関係を文学テクストを

ii

通して問い直す研究が目立ちます．在米日本人や日系移民に関する近年の研究の深まりを受けた，新しい日米比較文学の形もここには提示されています．

　地球環境についての危機意識の高まりとともに，資本主義社会を支えてきた生産・消費構造を問う気運が高まる今，本書では，いわゆる「世界のアメリカ化」を推進するものとしての大衆消費文化を意識した作家たちの姿も描かれています．この視点は本書の前半と後半（第Ⅱ部「アメリカ言説の諸相」）にまたがるものですが，中村唯史氏が指摘する「文学の商品化」をめぐるアメリカと旧ソ連の対比（旧ソ連では文学の商品化が進行せず，その特権性・至上性が持続したこと）は，本書の論考の多くが文学を扱っていることを考えると，非常に本質的なものであると気づかされます．

　交通網の発達や技術革新によって，地球上のどの場所から見てもアメリカはもはや遠い国ではなくなったかもしれません．しかし，グローバル化した世界におけるこの超大国アメリカは，普遍性・中立性を体現するどころか，世界の分断を避けられないものにしている「問題の国」であり続けています．しかしながら，第Ⅱ部で論じられる韓国の例もあるように，多くの非アメリカ人がアイデンティティ形成の過程でアメリカに大きな影響を受けていることは自明であり，この問題について本書がカバーしている内容はごく一部です．実際に異国を訪れ，文化的交流・衝突を経験することから生み出される文学も，一度も足を踏み入れたことのない国について文物のみを介してイメージを築き上げる営為も，平等に扱うことができる比較文学・比較文化というアプローチのおもしろさを本書から感じ取っていただければと思います．読者の皆様が，本書をきっかけに「アメリカ」が触発してきた文学や文化についてさまざまに思考をめぐらせ，想像上で本書の続篇を書き継いでくださることを期待しています．

　　2020年4月

　　　　　　　　　　　　　　　　　　　　　　森田直子

目　　次

vi

第Ⅰ部

日本文化における「アメリカ」

第1章　川端康成『伊豆の踊子』と *The Izu Dancer*
——アメリカ冷戦期文化政策と翻訳された自然——

江口真規

は じ め に

　川端康成（1899-1972）の『伊豆の踊子』（1926年『文芸時代』掲載，1927年単行本刊行）は，1955年，エドワード・サイデンステッカー（Edward G. Seidensticker, 1921-2007）によって *The Izu Dancer* としてアメリカで初めて英訳された．『伊豆の踊子』の英訳は現在3種類存在し，1955年のものに加え，日本文学の短編小説集 *The Oxford Book of Japanese Short Stories*（1997）に収められた同じくサイデンステッカー訳によるものと，マーティン・ホルマン（J. Martin Holman, 1957-）の訳による *The Dancing Girl of Izu*（1997）がある．

　1968年のノーベル文学賞受賞にみられるように，川端の作品が世界で受容されるにあたり，翻訳が重要な役割を担ってきたことは周知の通りである．川端の作品は「日本人の心の神髄を，すぐれた感受性をもって表現」した「東洋と西洋の精神的なかけ橋」として評価され，受賞時には翻訳者への賛辞も述べられた．[1] 対象作品となった『雪国』，『千羽鶴』，『古都』とともに，川端の作品の中で最初に英訳された『伊豆の踊子』も，海外での評価に一役を担った作品であるといえるだろう．以降川端の作品は，日本の伝統や美を描いた作品として読まれるようになり，その翻訳研究においても，日本語・日本文化の特性を論じるためのテクストとして用いられ，日本文化論を支える役割を担ってきた．[2]

　しかし，『伊豆の踊子』の原文と1955年の訳文を比較すれば，そこには大きな差異が見受けられる．日本語と英語の文体や文法上の違いに基づくものもあ

るが，最も顕著であるのは，この翻訳が「抄訳」であるために，原作の多くの場面が削除されているという点である．そして，主人公と老人や旅芸人との交流の場面が大幅に削除されることにより，「水」や「山」のモチーフなど，そこに含まれる多義的な自然の表象も姿を消している．

　原文では，伊豆の自然は主人公の旅情を掻き立てる明るさを演出するとともに，木々の鬱蒼とした暗さや，淀んだ水のイメージなど，若さと老い，美と醜の対比を描き出している．しかし，訳文ではそれらの要素が失われ，明るく瑞々しい伊豆の自然が強調される．実際に，1960年代に『伊豆の踊子』が英語圏でどのように紹介されていたのか，その一例を見てみると，死や腐敗，堕落，孤独が主要なテーマとなる後の作品と比較対照されていたことがわかる[3]．

　先行研究でも指摘されてきたように，この英訳の初出である雑誌『アトランティック・マンスリー』（*The Atlantic Monthly*）の別冊付録『パースペクティヴ・オブ・ジャパン』（*Perspective of Japan*）が，反共的な性格をもつ冷戦プロパガンダの下に出版されたことを考えれば，自然表象もまた，アメリカが日本を紹介するうえでエキゾチックな旅行記の機能を補強していたといえる．原作に描かれた伊豆の自然は翻訳によって変化することになるが，この点について本章では，アメリカ冷戦期文化政策との関係から考察していく．

1　原文と訳文の相違点

　それでは，二つのテクストにどのような差異が生じているのか，本節で具体的に取り上げることにしたい．なお，本章における引用は，日本語原文は『川端康成全集第二巻』（新潮社，1980年），英語訳文は，"The Izu Dancer: A Story"（*Atlantic Monthly* Jan. 1955）を用い，（　）内にページ数を示す．引用に際しては，後者のページ数にSをつけて区別を示す．

　まず，原文と訳文の相違点の一つとして，日本語・英語の文体や文法上の差異に起因するものが見受けられる．例えば，文体の違いとして，擬音語・擬態語の翻訳が挙げられる．太鼓の音である「ととんとんとん」(303)という擬音語や，「ことこと笑つた」(305)という擬態語は，それぞれ"the slow beating of a drum"(S110)，"I laughed happily"(S110)と訳されている[4]．原文の擬音語・

擬態語は，文体のリズム調節としての機能も担っているが，英訳ではそのような効果は失われる．また，原文には，「ほんとにいい人ね．いい人はいいね」(318)といった主語が欠如した文がうかがわれるが，訳文では "He really is nice. I like having someone so nice" (S113) とされることによって，原文にはなかった "he" という主語が付されている．先に挙げた「ことこと笑つた」という文も，訳文では "I laughed happily" (S110) と "I" の主語が付されている[5]．

　しかし，このような言語上の問題をさしおき，原文と訳文の間で最も異なる点は，原作にあるいくつかの場面が削除されているということである．訳文における削除箇所は，主に次の通りであり，（　）内は該当するページ数を示す．

① 茶屋の老人（296-299, S108-109）
　主人公が雨宿りで訪れた茶屋の奥の部屋で出会う，中風を患っている老人の描写．

② 甲府の学校に通う息子の話（301-302, S109-110）
　「四十女」が主人公に息子（民次）の話をする場面．

③ 主人公が栄吉に包み金を投げる場面（302, S110）
　挨拶をした栄吉に，主人公が二階から包み金を投げる場面．

④ 主人公と行商人の碁の対戦（305-306, S110）
　主人公と宿の行商人が碁を打つ場面，及び踊子が五目並べをする場面．

⑤ 踊子の声について（311-312, S112）
　「四十女」が踊子に声を出してはいけないと叱る場面．

⑥ 鳥屋と旅芸人一行の鳥鍋（311-312, S112）
　鳥屋と旅芸人一行が鳥鍋をし，踊子が鳥屋に「水戸黄門漫遊記」を朗読してもらうよう頼む場面．

⑦ 死んだ子供についての記述（312, S112）
　旅の途中，産後一週間で息を引き取った，栄吉と千代子の子供についての記述．

⑧ 篠竹の束（317-318, S113）
　道沿いにある篠竹の束と，その竹を杖として主人公に渡す踊り子，それを振り回す主人公の描写．

⑨ 主人公と旅芸人一行の鳥鍋（319-320, S114）

　主人公が東京に戻ることを決めた頃，旅芸人一行とともに鳥鍋を囲む場面.

⑩ 船着場の老婆（322-324, S114）

　主人公が船着場で水戸に送られる老婆の世話を依頼される場面.

　上記のうち，特に①に関して，訳文では老人に関わる描写の全てが消え去っている．他にも，⑥ 鳥屋と旅芸人一行の鳥鍋，及び⑩ 船着場の老婆の場面は，削除された分量も多い.

　原文の削除について，サイデンステッカーは，英訳が掲載された雑誌の編集上の理由によるものであったと述べている[6]．そのため，*The Izu Dancer* は，『伊豆の踊子』の「抄訳」として発表される[7]．この訳文は，タトル社（Charles E. Tuttle Co., Inc）から1974年に書籍 *The Izu Dancer and Other Stories* として出版されることになるが，この版でも削除された箇所はそのままであった．サイデンステッカーは，後日この翻訳を残念に思い後悔するコメントを残してもいた[8]．1997年に再度『伊豆の踊子』を翻訳し，*The Oxford Book of Japanese Short Stories* に収められた際には，修正を含め削除された箇所も翻訳されている[9].

　1955年版と1997年版の訳文を比較する Mai Kataoka は，英語圏での日本文化の認知のされ方といった翻訳刊行時の社会的・文化的背景，及びサイデンステッカーの訳者としての作品解釈と翻訳手法の変化が反映されていると論じる[10]．前者では，当時日本に関する知識が少ないと思われるアメリカ人の「一般読者」が想定されていたために，異文化要素が省略あるいは変更されて翻訳されたこと，また，ストーリーや特定の視点からの語りを重視する「西洋の」小説に慣れ親しんでいる者が読みやすいように，本筋とは関係のない挿話や登場人物が削除されたと，Kataoka は述べている.

　1955年に発表された「抄訳」に関しては，Kataoka が指摘するこのような要因に加えて，アメリカの冷戦期文化政策が関連していたことも考えられる.

2　翻訳の背景とアメリカ冷戦期文化政策

　近年の英語圏における川端康成の研究に関しては，ポストコロニアリズムやオリエンタリズム批判の影響を受け，そのナショナリズムやファシズムとの関係，ジェンダー表象に対して批判的な解釈が行われている[11]．このような動きの中で，マイケル・ボーダッシュは，川端文学を従来の「戦後文学」ではなく，「冷戦文学」として読み直す試みを提案している[12]．『伊豆の踊子』を含む1950～60年代にアメリカで英訳された作品に関しては，2000年代以降，日本文学研究だけではなく，アメリカとアジアを結ぶトランスパシフィック（環太平洋）な冷戦研究の枠組みにおいても再検討されている[13]．本節では，これらの先行研究を踏まえ，『伊豆の踊子』の翻訳の背景と削除の理由を考察する．

　1955年の *The Izu Dancer* の掲載から50年近くを経，タトル社から出版された *The Izu Dancer and Other Stories*（2001）のドナルド・リチーの書評[14]に対し，1955年版の訳文の省略について指摘したスコット・ワトソンの意見文が『ジャパン・タイムズ』（*The Japan Times*）に掲載された[15]．ワトソンは，省略は編集上の都合ではなく，訳が発表された当時のアメリカ冷戦政策の結果ではないかと追及した．その後再度リチーが意見文を発表し，直接サイデンステッカーに質問したところ，政治的な思惑はなかったことを確認したという[16]．

　このような紙上での議論に見受けられるように，*The Izu Dancer* の翻訳の政治的背景に着目した研究が進められてきた．訳文が発表された1955年は，共産主義との対立の中でアメリカが他国の共産主義への興味をそらさせ，文化的にも政治的にも，資本主義・民主主義に彩られた「アメリカ流」を世界に広めようとしていた時代であった[17]．例えば，1936年に途上国の発展への寄与を目的に設立されたフォード財団（Ford Foundation）は，経済発展や文化振興に携わる国際的なプロジェクトに多く関わっていた．しかし冷戦期には，アメリカ中央情報局（Central Intelligence Agency）に資金を提供しており，国際文化的プロパガンダを進めるアメリカ政府の延長としての存在でもあった．そのフォード財団は，1950年に創設された反共産主義的な文化人の提言団体である文化自由会議（The Congress for Cultural Freedom）と連携して翻訳出版に携わり，後にイ

ンターカルチュラル・パブリケーションズ（Intercultural Publications Inc.）という組織を設立した．その編集者の中には，当時日本研究の第一人者であったサイデンステッカーも含まれていたという[18]．

　サイデンステッカーの日本文学翻訳者としての経緯については，彼を「冷戦戦士」と名付ける越智博美の分析に詳しいが[19]，戦前，アメリカ海軍の日本語学校で日本語を学び，真珠湾基地で翻訳・通訳を担当していたことに始まる．戦後，ハーヴァード大学で日本文学・文化を学んだ後，1948年に国務省の外交官としてGHQに赴任した．GHQを辞職後，東京大学大学院で国文学を学び，日本文学の翻訳を開始する．この時点で，サイデンステッカーは，翻訳事業を担う人物としてアメリカの反共組織に組み込まれていた．彼は自らの意思で冷戦の思想戦争に飛び込み，文化自由会議から報酬を得，反共活動に協力的な日本人との橋渡しの役割を務めていたという[20]．

　The Izu Dancer が掲載された『アトランティック・マンスリー』の別冊付録『パースペクティヴ・オブ・ジャパン』は，インターカルチュラル・パブリケーションズと共同で企画編集されたものであった[21]．翻訳の掲載に際しても，共産主義的な，あるいは「アメリカ流」に逆らう内容でないかどうかが精査された[22]．したがって，そこには，アメリカの冷戦期自由主義・民主主義的プロパガンダが反映されているのである．そのようにして作り上げられた *The Izu Dancer* は，想定される読者，つまり「一般的な」アメリカ人市民にとって，アメリカの支配下で民主主義を広める日本のイメージに沿った枠組みにおさまる小説として紹介されるに至った[23]．

　このような翻訳における変化の例の一つが，主人公の朱子学的な側面を排除したことであると，ワトソンは指摘する[24]．老人や「四十女」といった年上の人物に対する気遣いから，主人公は典型的な朱子学的人物であると捉えられたのである．しかし訳文では，そのような側面を和らげたり削除したりすることで，戦前の日本の封建的な態度を一掃し，民主化を進めるアメリカに追従する受身的な姿を描き出そうとした．また，老婆の世話を頼まれる場面が削除されたことで，炭鉱夫というプロレタリアートが姿を消していることも，反共思想の表れといえる．主人公が栄吉に紙包みの金銭を渡す場面，甲府の学校に通う息子の挿話についても，「社会的地位の低い人々のエピソード」[25]として，主人公と

旅芸人の身分上の上下関係を反映するものであるため削除されたと考えられる．このような意図的な削除を通して，共産主義という悪者からアメリカが保護しなければならない，壊れやすく受身的な人々が暮らす国家としての日本のイメージが作り出されていったのである．[26]

　『アトランティック・マンスリー』に掲載された *The Izu Dancer* は，約20年後に書籍としてタトル社から出版されることになる．しかしここでは，雑誌掲載時に明記されていた「抄訳」に関する注意書きは見当たらない．一般図書として刊行されるにあたり，*The Izu Dancer* は，『伊豆の踊子』とは異なる別の物語として歩み始めたように思われる．

　以上で検証したように，『伊豆の踊子』の翻訳における削除は，言語上の問題ではなく，翻訳が発表された当時のアメリカ冷戦プロパガンダの影響を受けていることがわかった．しかし，翻訳によって削除されたものは，朱子学的と捉えられる箇所や，社会的地位の違いを印象付ける箇所だけではない．注目すべきことは，削除箇所には，水や鳥，木，山といった，自然を表す描写が多々見受けられるということである．

　上述したように，川端は「日本らしさ」を描いた作家として受容され，また，旅先を題材にしたものが多い川端の作品は「観光小説」として読まれることもある．[27] この点からは，日本の自然に関する描写も作品を解釈するうえで重要な要素の一つであると考えられ，作品の舞台を特徴付ける自然を読み取ることも可能である．実際に『伊豆の踊子』は，現在でも伊豆観光と強く結び付き，地域性の強い作品であるといわれている．[28] 原文と訳文における自然表象の違いは，作品の解釈にどのような差異を生じさせているのだろうか．

　以下，第3節・第4節では，削除箇所に現れる自然の表象と，原文と訳文の間で生じる自然描写の差異を分析する．

3　削除箇所における自然の表象
——「水」「山」「鳥」を中心に——

　まず，削除箇所にみられる自然事象の1つとして，「水」が着目される．削除箇所には，「水死人」（296）のような全身蒼ぶくれの老人，「雫」（299）のしたたるトンネル，旅の途中で息を引き取った「水のやうに透き通つた赤坊」（312）

の話，「水戸黄門漫遊記」(312) や老婆の行き先である「水戸」(322) の「水」
という漢字のように，水に関する事項が多々みられる．『伊豆の踊子』には，
削除箇所だけではなく，作品全体に水をめぐる描写が溢れている．それは例え
ば，小説冒頭の雨，温泉，温泉宿の町を流れる川，山頂の泉，下田の海，主人
公が流す涙などである．「道がつづら折りになつて，いよいよ天城峠に近づい
たと思ふ頃，雨脚が杉の密林を白く染めながら，すさまじい早さで麓から私を
追つて来た」(295) という雨の降り出しで始まり，「頭が澄んだ水になつてしま
つてゐて，それがぽろぽろ零れ，その後には何も残らないやうな甘い快さだつ
た」(324) と主人公が涙を流し幕が閉じられるように，『伊豆の踊子』は水に始
まり水で終わる小説である．また，「雨の音の底に私は沈み込んでしまつた」
(303)，「私の尋常な好意は，彼等の胸にも沁み込んで行くらしかつた」(313)，「何
もかもが一つに融け合つて感じられた」(324) といった文章のように，「沁み込
む」や「融け合う」のような水を連想させる表現もみられる．

　金井景子や鶴田欣也が指摘しているように，『伊豆の踊子』の水は，穢れを
洗い流し，主人公に癒しを与えるものであることがわかる．[29] 旅の途中で雨に打
たれ，山に登ることで汗をかき，泉の水を飲むといった，水に触れる行為を通
して，主人公は「孤児根性」(318) が洗い流されたと感じる．伊豆への旅行は，
滝打ちのような禊ぎの儀式と同じく，二十歳の主人公にとっての通過儀礼と
なっているのである．

　その一方で，雨の後水嵩の増した川は，「黄色く濁つて音を高め」(302-303)，
土地に不慣れな旅人に不安を煽るものである．また，病気の老人を表現した「水
死人」，水のように透明だった死んだ子供の描写は，老人の「黄色く腐つたや
うな眼」(296-297) に表されるように，濁りや汚れ，生命の儚さというイメー
ジを生み出してもいる．萩原孝雄は，川端作品における水の両義性について指
摘しているが，[30]『伊豆の踊子』の水もその例に含まれるだろう．

　両義性をもつ自然の例は，水だけではない．削除箇所には，老人の周りに作
られた紙屑の「山の怪奇」(297)・「反古の山」(297)，主人公が登る下田富士，
篠竹の束というように，山や森，木のモチーフが描かれている．主人公は伊豆
の山を旅しており，「杉の密林」(295)，「重なり合つた山々や原生林や深い渓
谷の秋」(295) といった言葉からは，周囲に木々が生い茂っている様子が読み

取れる．東京に住む主人公にとっては，山は日常とは異なる旅の楽しみを生み出す場であると同時に，「山の怪奇」という言葉が表すような畏怖の念を起こさせる場でもある．また，踊子が手を伸ばす様子は，「若桐のやうに足のよく伸びた白い裸身」(304) と表される．木の描写は，直立でしなやかな姿から爽やかさや素直さを想起させるとともに，木々の集まりである森や山は，恐怖を孕む場所，非日常の空間を構成するものであることがわかる．

　また，省略箇所⑥・⑨の場面で登場する鳥鍋と鳥屋に関しては，「鳥」という言葉に注目したい．主人公が下田の甲州屋に到着した際，宿泊客が芸人や香具師であるのを見て，「下田の港はこんな渡り鳥の巣であるらしかつた」(319)と言っている．鳥は，渡り鳥のように放浪する者の比喩であり，定住することのない渡り鳥のイメージはまた，出発や旅立ち，別れを想起させもする．

　以上のように，水や木，森，山，鳥といった自然の事象に関わる描写は，『伊豆の踊子』の中で両義的な意味合いをもち，主人公の心境を映し出している．同時に，周囲を取り巻く自然によって，登場人物の感情が左右されることもある．しかし，このような要素を含む場面は，訳文では省略されてしまっている．つまり，原文に描かれた自然の両義性は，訳文からは読み取ることができないのである．特に，病気の老人，老婆，暗いトンネル，鳥屋と鳥鍋，死んだ幼児についての箇所が削除されたことを考えれば，暗く否定的な印象を備えた自然の多くが，訳文では消え去っていることがわかる．

4　自然描写の差異
——多義性の欠如とエキゾティシズムの助長——

　削除箇所だけではなく，原文と訳文にみられる自然描写からも，両者が異なる自然を描き出していることがわかる．例えば原文では，自然を擬人化した表現や，自然物を用いた比喩が見受けられる．先にも挙げた「雨脚が杉の密林を白く染めながら，すさまじい早さで麓から私を追つて来た」(295) という冒頭の一文は，"A shower swept toward me from the foot of the mountain, touching the cedar forests white" (S108) と訳されているが，「雨脚」という雨と人体が一体化した言葉のニュアンスを感じることは難しい．踊子の「若桐のやうに足のよく伸びた白い裸身を眺めて」(304) という表現は，"I looked at her, at the

young legs, at the sculptured white body" (S110) となり，Kataoka はここで
有機的な表現が無機的なものに変化したと指摘する[31]．また，「雨の音の底に私
は沈み込んでしまつた」（303）という，自然と人体が融合するような表現は，
訳文では "It was as though I were being borne under by the driving rain"
(S110) となり，「沈み込む」という文字に備わる水のイメージはなくなっている．
加えて原文では，自然現象がプロットと結び付いてもいる．「雨宿りの茶屋で
ぴつたり落ち合つた」（296）とあるように．主人公が踊子一行と出会うのは雨
が降ったためであるが，訳文では "But the meeting at the tea-house was too
sudden"(S108) となっており，雨の要素はうかがうことができない．

　他にも興味深い例は，旅芸人の旅情に関する次の翻訳にもうかがうことがで
きる．（以下，引用下線部は筆者による．）

　　彼等の旅心は，最初私が考えていた程世智辛いものでなく，<u>野</u>の匂ひを失
　　はないのんきなものであることも，私に分つて来た．（313）

　　I came to see that the life of the traveling performer was not the
　　forbidding one I had imagined. Rather it was easy-going, relaxed,
　　carrying with it the scent of <u>meadows and mountains</u>. (S112)

　原文に示された「野」という語は，訳文では "meadow and mountains"，つ
まり牧草地や山々といった英語文化圏の自然，特に牧畜に根ざす西洋の自然風
景に置き換えられているのではないだろうか．

　このように，原文の自然は，人間と融合する感覚で表現され，プロットの展
開にも影響を与えるのに対し，訳文では登場人物やプロットは自然から独立し，
そこで描かれる風景も西洋的なものへと変化している．川端がノーベル賞記念
講演『美しい日本の私──その序説』（1968）で述べたような，人間の自然への
没入，自然との合一といった日本と西洋の自然観の違いが[32]，原作と翻訳の自然
表象の違いを生んだとも考えられる．

　暗鬱な印象の水や山といった自然表象が姿を消し，自然のもつ多義性が薄め
られたこと，そして「自然」が意味する風景が置き換えられたことは，訳文に
おけるエキゾティシズムの助長にも関連している．翻訳の結果，作品全体とし

て「南国」(300) らしい，「美しく晴れ渡つた南伊豆の小春日和」(304)，「暖か
く日を受け」(304) たような明るい自然描写が残ることになったが，これは，
作品のエキゾティシズムを強める要素となっている．

　合わせて，*The Izu Dancer* が掲載された『アトランティック・マンスリー』
同月号にみられる，JTB (Japan Travel Bureau) の日本旅行の広告にも注目した
い（図 1 参照）．そこには，水に浮かぶ神社の鳥居やシカの絵が描かれており，「絵
本のようなエキゾチックな場所——これぞ日本」("Exotic picture-book land…this
is JAPAN") という宣伝文句が掲げられている．この広告からは，東洋 ("Orient")

図 1　『アトランティック・マンスリー』に掲載された JTB の広告
出典：*Atlantic Monthly* Jan. 1955: 19.

と西洋（"West"）の対比において，日本がアメリカの旅行者に宣伝されていたことがわかる.

　この時期の映画にも目を向けるならば，米軍兵士と日本人女性を描いた『八月十五夜の茶屋』（*The Teahouse of the August Moon*, 1956）や『サヨナラ』（*Sayonara*, 1957）のような日米合作映画が発表されてもいた．アメリカが冷戦戦略に応じてアジア表象を再創造しようとした過程を「冷戦オリエンタリズム」と称するクリスティーナ・クラインの論を用いて，越智は次のように述べている.

　　沖縄の占領を，あるいは日米安保条約を正当化するかのように，芸者やそのイメージを付与されたヒロインが登場した．しかも，そのエキゾティズムは，しばしば日本航空などのツアーとタイアップして，商品化されもした［中略］芸者のイメージは，日本の女を，ひいてはアジアを扱い易いものにする．あるいは十九世紀的なオリエンタリズムの再演をすることにより，好戦的な日本イメージを，むしろみずから頭を垂れる同盟に変容させることに，ポピュラーなレベルで一役買っていたのである.[33)]

　翻訳された『伊豆の踊子』からは，旅行会社の広告が示唆する，あたかも絵本の中の世界のような，平和で異国情緒溢れる風景を読み取ることができる．*The Izu Dancer* は，同時代の映画と同様に，19世紀的なオリエンタリズムを再現した「冷戦オリエンタリズム」の文脈で読まれることになった．第二次世界大戦後，アメリカの下で新しく国家としての道を歩み始めた日本の文学作品を海外で，特にアメリカで紹介するにあたり，そのエキゾティシズムを強調することは，軍国主義の印象を払拭するための有効な手段であった.

おわりに

　以上，川端康成の『伊豆の踊子』と，サイデンステッカーによる英訳 *The Izu Dancer* の二つのテクストに関して，特に訳文の削除箇所に注目して比較を行ってきた．原作と翻訳では，その自然の表象に差異が見受けられ，訳文では自然の多義性が失われることにより，青春小説・「観光小説」としての爽やかな面やエキゾティシズムが強調されている．1950年代の冷戦期文化政策の中

で，アメリカで翻訳された『伊豆の踊子』は，「伊豆」でも「日本」でもないどこか，「西洋」の自然風景をまといながら，世界に紹介されていくこととなった．このようにアメリカによって構築された冷戦期日本のイメージは，19世紀オリエンタリズムの形象を引継ぎつつ，今日でもなおその影響を留めているといえる．

　本章で明らかにした翻訳の政治的背景や，「誤訳」とも捉えられかねない大胆な「抄訳」は，オリエンタリズムの嗜好を曝したものとして批判の対象ともなりうるだろう．しかし，本章の目的は，原文の忠実な翻訳に重きを置くことや，50年代の冷戦文化政策を糾弾することではない．原作と翻訳の二つのテクストを同じ地平に並べることで，『伊豆の踊子』の自然表象が孕む次のような可能性がうかがえるのではないだろうか．

　第一に，自然表象の多義性をなくすことで翻訳が示した青春小説としての『伊豆の踊子』のイメージは，原作の意図を歪曲したものでもなければ，英訳だけにみられるものでもなく，作品に潜在的に備わっていた一面を抽出したということである．同様のイメージ戦略は，戦後，吉永小百合ら国民女優を起用することで繰り返し制作された『伊豆の踊子』の映画化においても強調されたものである³⁴⁾．これは，旅行や映画といった高度経済成長期の大衆文化や，新しいメディアとともに構築された川端の評価³⁵⁾と重なるだろう．

　第二に，文学作品における「場所」の概念は，翻訳によってどのように変化するのか，という問題提起である．近年の環境批評（エコクリティシズム）では，これまで文学研究が環境の問題を軽視してきたことへの批判的意識から，場所の概念に関心を向け，文学作品に描かれた特定の場所に焦点を当てている³⁶⁾．「観光小説」として読まれる『伊豆の踊子』もまた，伊豆という場所から紡ぎ出された物語であり，このような目的意識で論じることもできる．しかし，『伊豆の踊子』の自然について考えた場合，その翻訳では，原作に描かれた場所（伊豆）の持つ意味や自然は変化し，アメリカの文化的・政治的言説に取り込まれていくこととなった．冷戦期アメリカで構築された日本のイメージの中で，翻訳では，必ずしも伊豆に限定する必要もないような青春小説の舞台が構築されているのである．*The Izu Dancer* は，伊豆という特定の場所の自然を描くとともに，それは翻訳によって再構成され，世界の「どこにでもある」場所として共有さ

れていくこととなった.³⁷⁾

　『伊豆の踊子』とそこに描かれた自然は，アメリカの文化的・政治的な視点を通して翻訳され，世界に広められた.「日本らしさ」がうたわれたまさにその部分にこそ，アメリカ冷戦期の言説を読み取ることができるとともに，国境を越えて広がりつつあった大衆文化の影や，翻訳によって固有の地域にとらわれなくなる文学作品の「場」の装置を見出すことができるのである.

[付記]

　1　本章における引用中，旧漢字は新字体に改めた.

　2　本章は，2008年に筑波大学第二学群比較文化学類に提出した卒業論文「『伊豆の踊子』における自然の表象── *The Izu Dancer* との比較を通して」の研究に端を発し，日本比較文学会2017年度東北大会（2017年11月，於あきた文学資料館）での口頭発表「川端康成『伊豆の踊子』における自然の表象──英訳との比較から」の内容に加筆・修正を施したものである.研究発表の際に貴重なご意見を下さった皆様に，謝意を表したい.

注 ───────────────────────────────────

1 ）『朝日新聞』1968年10月18日朝刊第 1 面.

2 ）坂井セシル他編『川端康成スタディーズ──21世紀に読み継ぐために』（笠間書院，2016年）：285.

3 ）Geoffrey Grigson, ed., *The Concise Encyclopedia of Modern World Literature* (London: Hutchinson of London, 1963): 246-247.　執筆者の一人であるサイデンステッカーの紹介による.

4 ）サイデンステッカーは，日本語の擬態語に関して，『伊豆の踊子』の例を引きながら，英訳ではそれに相当する表現を見つけなければならないと述べている（エドワード・G・サイデンステッカー，安西徹雄『日本文の翻訳』〔大修館書店，1983年〕：126）.

5 ）サイデンステッカーは，谷崎潤一郎や『源氏物語』の翻訳と比較して，川端の作品の主語の曖昧さと翻訳する際の注意を指摘している（サイデンステッカー，131-133）.

6 ）サイデンステッカー，130.

7 ）『アトランティック・マンスリー』に掲載された注には，訳文は要約されている（"It has been somewhat abridged here"）という記述がある（Yasunari Kawabata, "The Izu Dancer: A Story," trans. Edward Seidensticker, *Atlantic Monthly*, Jan. 1955: 108）.

8 ）サイデンステッカー，130.

9 ）Yasunari Kawabata, "The Izu Dancer," trans. Edward Seidensticker, *The Oxford Book of Japanese Short Stories*, ed. Theodre W. Goossen（Oxford: Oxford University Press, 1997）: 129-148.

10）Mai Kataoka, "Emending a Translation into 'Scrupulous' Translation: A Comparison of Edward G. Seidensticker's Two English Renditions of 'The Izu Dancer' "（『総研大文化科学研究』12，2016）: 84-96.

11）坂井他編，272.

12）マイケル・ボーダッシュ「冷戦時代における日本主義と非同盟の可能性——『美しい日本の私』再考察」坂井他編，204.

13）越智博美「カワバタと「雪国」の発見——日米安保条約の傘の下で」遠藤不比人編著『日本表象の地政学——海洋・原爆・冷戦・ポップカルチャー』（彩流社，2014年）.

14）Donald Richie, "Welcome return of four classics," *Japan Times*, 26 Sept. 2000.

15）Scott Watson, "Why was 'The Izu Dancer' cut?" *Japan Times*, 4 Oct. 2000.

16）Donald Richie, "No CIA tryst with 'Izu Dancer,' " *Japan Times*, 15 Oct. 2000.

17）冷戦期のアメリカ文化の普及とその関連機関については，宮本陽一郎『アトミック・メロドラマ——冷戦アメリカのドラマトゥルギー』（彩流社，2016年）第 2 章「「アメリカ」を輸出する国アメリカ——冷戦とアメリカ研究の成立」，及び第 3 章「大学と諜報——知識の枠組みとしての OSS ／ OWI」に詳しい.

18）Scott Harrison Watson, "Ideological Transformation by Translation: *Izu no Odoriko*" 『東北学院大学英語英文学研究所紀要』18, 1989）: 86.

19）越智，140-143.

20）ボーダッシュ，207-208.

21）*Atlantic Monthly*, Jan. 1955: 98.

22）インターカルチュラル・パブリケーションズの幹部の一人であったウィリアム・ケーシー（William J. Casey, 1913-1987）は，後に CIA 局長となっており（Watson, 84），翻訳の内容に関する編集側からの要請も大きかったのではないかと考えられる.

23）Thomas Jaques, "Ideological Transformation through Translation," *NUCB Journal of Language Culture and Communication*（4 - 1, 2002）: 18.

24）Watson, 76-80, 86.

25）越智，149.

26）Jaques, 15.

27）石川巧「観光小説としての『波千鳥』」『敍説Ⅱ』（2 - 2，2001年）．163-164.

28）石川：184，十重田裕一『「名作」はつくられる——川端康成とその作品』（日本放送出版協会，2009年）：164.

29）金井景子「『伊豆の踊子』——癒されることへの夢」（『国文学　解釈と鑑賞』56- 9，1991年）：67，鶴田欣也「川端文学の本質——「汚れ」と「清め」——」平川祐弘・鶴田欣也編『日本文学の特質』（明治書院，1991年）：299-300.

30）萩原孝雄「川端康成の自然観」（『国文学　解釈と鑑賞』56-9，1991）：28-29.

31）Kataoka, 90.

32）川端康成『美しい日本の私――その序説』（エドワード・G・サイデンステッカー英訳，講談社，2004年）：9.

33）越智，145-146.「冷戦オリエンタリズム」については，Christina Klein, *Cold War Orientalism: Asia in the Middlebrow Imagination, 1945-1961*（Berkeley: University of California Press, 2003）に詳しい.

34）四方田犬彦「『伊豆の踊子』映画化の諸相」坂井ほか編，216-217, 220，十重田：44-53.

35）十重田，144-154.

36）Cheryll Glotfelty, "Literary Studies in an Age of Environmental Crisis," *The Ecocriticism Reader: Landmarks in Literary Ecology*, eds. Cheryll Glotfelty and Harold Fromm（Athens, GA: University of Georgia Press, 1996）: xv-xvii, xxiii-xxiv.

37）訳文では，伊豆半島の具体的な地名が，固有名詞の多用を避ける目的で変更されたことも指摘しておきたい（サイデンステッカー，134-135）.

第2章　民主主義とエマソン
──高木八尺におけるアメリカ言説のアイロニー──

小林竜一

はじめに

　GHQ の指令により日本の花街から「赤い灯」が消滅した1958（昭和33）年，日本劇場で「第一回ウエスタン・カーニバル」（「日劇ウエスタン・カーニバル」）が開催され，尊重された「基本的人権」に依拠して「自由」を謳歌する一部のハイ・ティーンは大いに熱狂した．いわゆる「ロカビリー・ブーム」の幕開けである[1]．こうした煽情的な現象の流行に乗じて「ビー・バップ・ア・ルーラ（Be-Bop-A-Lula）」（1956）で知られるジーン・ヴィンセント（Gene Vincent, 1935-1971）や，「フジヤマ・ママ（Fujiyama Mama）」（1957）で知られるワンダ・ジャクソン（Wanda Jackson, 1837-）といった本国アメリカのロカビリー歌手が来日した[2]．

　さらに，アメリカではエルヴィス・プレスリー（Elvis Presley, 1935-1977）と人気を二分したパット・ブーン（Pat Boone, 1934-）をはじめとして，コニー・フランシス（Connie Francis, 1938-），ニール・セダカ（Neil Sedaka, 1939-），ボビー・ライデル（Bobby Rydell, 1942-）など，アメリカのハイ・ティーンに広く受け入れられたポピュラー歌手が来日公演を行なうことになるが，流行歌手による一連の来日攻勢の口火を切ったのは，1958年の初来日当時，弱冠17歳のポール・アンカ（Paul Anka, 1941-）である[3]．

　「ロカビリー・ブーム」の真只中ともいえる1958年9月8日，P・アンカは「自作自演の天才少年」という看板を掲げて来日し，日本の主要都市でコンサートを挙行した．浅草国際劇場で催されたコンサートは，[4]「アメリカの価値観をう

つし出す最新の機械⁵⁾」であったテレビでも放映された．「ダイアナ（Diana）」
(1957)，「君はわがさだめ（You Are My Destiny）」(1958)，「クレイジイ・ラヴ（Crazy
Love）」(1958) といった自作自演曲がヒットチャートを席捲し，原信夫とシャー
プス・アンド・フラッツを従えて音羽（東京都文京区）にあるキング・レコード
のスタジオで録音された「クリスマス・イン・ジャパン（Christmas in Japan）／
ジングル・ベル（Jingle Bells）」(1958) が発売されると，非常な好評をもって迎
えられた⁶⁾．

　しかし，猖獗を極めた「ロカビリー・ブーム」は，痛烈な批判に晒されもし
た．そうした批判者のなかには，内村鑑三（1861-1930）と新渡戸稲造（1862-1933）
の衣鉢を継いだ矢内原忠雄（1893-1961）もいた．矢内原には，内村が提唱した「無
教会主義」とともに，新渡戸が東京帝国大学で担当した「植民政策講座」を継
承したが，国策と相容れぬ立場を固守したために東京帝国大学を追われた後，
伝道者としての生活を余儀なくされ，敗戦後に総長として東京大学に復職した
という経緯がある．

　「ウエスタン・カーニバル」が盛り上がりを見せ，P・アンカがヒットチャー
トの上位を独占し，P・アンカによる初来日の機運が高まりつつあった1958年
5月，矢内原は東京女子大学における「二つのSと二つのJ」(1958) と題する
講演で次のように述べている．

　　人間は信仰，したがって信頼を喪失しました．世界平和，自由，基本的人
　　権がどうと言うけれども，互いの意見が分裂して争いが絶えない．そして
　　われわれは生きる望みを失った．どこに自分の頼み，自分の喜びを見出す
　　か．結局，物質的な欲望の充足です．あしたは知らないから今日肉欲を楽
　　しもう．ロカビリーは世界的な現象です．日本にはたいていオリジナルな
　　ものはない．外国から伝わってくる．数カ月おくれて日本に入ってくる．
　　ロカビリーは日本だけの問題ではない．人類的の問題です．ああいうこと
　　に熱狂しなければ空虚が満たされない⁷⁾．

　矢内原のいう「ロカビリー」が音楽的に何を指していたのかについては議論
の余地があるし，矢内原がはたして「ロカビリー」の音楽的特質を理解し，こ
れを定義することが出来ていたのかという点については頗る疑問であるが，い

ずれにせよ物欲と肉欲とを同一視する矢内原は「和式ロカビリー」が「借用」でしかないことや,「ロカビリー・ブーム」に熱狂する若者の行動の根底には「絶対者の不在」がもたらす精神の「空虚」があると認識した．要するに，矢内原は無神論者の若者に内在する没道徳的利那主義を批判することにより,「世界平和，自由，基本的人権」といった「お題目」を唱和することなど，所詮，信仰喪失の代償行為にすぎないと剔抉したわけである．

　敗戦後の日本社会に蔓延した道義的価値の崩壊は，矢内原同様，内村と新渡戸の弟子であり，日本におけるアメリカ研究の礎を築いた高木八尺（1889-1984）も敏感に反応した問題であった．そこで，例えば占領期（1945〜1952）に限定して高木の活動を時系列で概観すれば，高木が多方面に活躍したことは容易に推察できる．しかし，内村ゆずりの「憂国士」を思わせる文明批評家的一面であるとか，新渡戸を彷彿させるアメリカ精神文化紹介者としての側面を捉えることは，事項の羅列を一瞥するだけでは困難であるし，高木が敗戦を精神的革命の機会であると積極的に捉えようとしていたと理解することも不可能である．

　そこで本章では，敗戦後の日本社会において高木が提示した言説の意義を評価するために,「敗戦と民主主義」(1948) を夏目漱石（1867-1916）による「現代日本の開化」(1911) に連なる「比較文化・近代化論」と位置づけ，あわせて高木による「エマソン言説」を関連させた考察を展開することにより，高木が提示した「民主主義」と「エマソン」をモチーフとする「占領期アメリカ言説」の意義を再考したい．

1　敗戦後の日本社会と高木八尺における「民主主義」の条件

　1945（昭和20）年8月6日，広島に「リトルボーイ（広島型原爆）」が投下された．この時点ですでに戦後処理を想定していた高木は「なんとかして米軍の進駐に対して，事態をなるべく緩和させたい」という意識を強めた．すなわち，敗戦国となった日本において，アメリカ兵による買春行為や婦女暴行により嘗ては「大和撫子」と称された日本人の女が蹂躙されるのではないかと，そう高木は懸念したわけである．そこで高木はマッカーサー（Douglas MacArthur, 1880-1964）宛の書簡を認め，そこでアメリカ兵の綱紀粛正を要請した．そのあたり

の経緯については，以下のように伝えられている．

　　　一九四五年八月ともなり，来るべきものがきた．敗戦と米軍による日本
　　占領であった．この局面の大転換に，先生は，当面の問題としては，日本
　　婦人に対する米軍の暴行の危険が問題であることをいちはやく看取され，
　　「アメリカの母と姉妹の名において，否，人類の名において」，米軍が規律
　　を極力守ってもらいたいという事前の警告と切々たる訴望を盛った手紙
　　を，進駐直後のマッカーサー元帥に宛てて書かれた[10]．

　マッカーサー宛書簡の実効性を評価する際には，この書簡と同時（1945年8月）
に特殊慰安施設協会（RAA）の設置が日本政府から指示されたにもかかわらず，
わずか1年足らずで性病が蔓延したという理由により慰安婦として働いていた
女が「パンパン」と称された街娼への転落を余儀なくされたという歴史的事実
に着目する必要があると思われる[11]．
　いずれにせよ，アメリカ兵を相手にした街娼が溢れ，アメリカ文化が無批判
に礼賛されるといった現象にみられるように，敗戦を契機として，日本人はい
とも容易に自国に対する矜持や日本人としての尊厳を喪失したかのようであっ
た．その結果，道義的退廃がもたらされ，凡そ知識人であれ民間人であれ，日
和見主義的な変節や転向に憂き身をやつしたのではあるまいか．しかし，高木
はそうした問題の根本的な要因が，敗戦という一時的な現象にではなく，むし
ろ日本における近代化のありかたそのものであるとか，日本に固有の伝統文化
自体に内在すると考えていたのである．
　例えば高木は「敗戦と民主主義」のなかで，新憲法の効力により，個人が国
家と家族の権威から解放され，人権と自由の権利が擁護され，婦人の社会的地
位の向上が肯定される点は注目に値するとしながらも，日本における近代化の
負の側面について「国民は自らに対する真の自信を失い，その結果，道義の退
廃は恐るべきものがある[12]」と発言している．それどころか，「アメリカ人の寛
大[13]」を認めたうえで，その鋭利なる筆鋒を自国民に対して容赦なく向けている
のである．

　　　現在，日本人の生活は支離滅裂となっているが，これは独り戦争による

荒廃，または国民の虚脱ということをもって説明しきれる事柄ではない．それはもっと深く日本人の精神構造（メンタリティ）に根をもっているのである．[14]

　西洋人の視点からカール・レーヴィット（Karl Löwith, 1897-1973）が日本の近代化について「日本人がおおよそヨーロッパの思考を受け入れるそのやり方は，われわれがそれを本物の体得とは見なしえないだけに，われわれにはいかがわしいように思われる．[15]」と言挙げしたのは1940（昭和15）年のことであった．「ヨーロッパのニヒリズム」（1940）にはこう書いてある．

　　日本がわれわれから受け取ったものは，中国文化の受容の時のように，宗教的，学問的，道徳的な基礎ではなくて，第一に，われわれの物質文明であった．すなわち，近代産業と技術，資本主義，民法，軍隊組織，科学的方法であったし，それらは何でも可能ならしめるが，しかし，森林太郎が擁護したいと思うような「自由と美」などではまったくない．人間の本来の生活，人間の感受様式と思考様式，人間の風習と評価は，物質文明の隣にあって，相対的に無変化のまま存続し続けた．[16]

　無論，日本の近代化にみられる「物質文明の獲得と精神文化の脱落」というレーヴィットの所謂「いかがわしさ」についての認識は，高木も共有するところであった．というのも，高木が「我々の国民としての大きな欠陥は，その成員たる一人ひとりが，深刻な内心の精神的格闘の経験――曠野の試みにも比すべき，魂の悪戦苦闘を通過して初めて到達しうる確信の体得――およびそれに基く真正の個人の自覚，に於て欠くる所ある点であろう．[17]」と書いているのがその所以である．したがって，「個人人格観念の覚醒」[18]であるとか，「人間の自由なる良心の働きと個人の自主的に行う判断」[19]が民主化と精神的再建の条件であるという立場から，日本人でありながら「現代日本人の支離滅裂の根源は日本人の精神構造にある」と自己批判した高木にとり，日本の近代化なるものは，所詮「いかがわしい」代物でしかなかったのである．それゆえ，高木は日本における近代化の不完全を仮借なく批判する．

　　日本史は「文芸復興」も「宗教改革」も知らないが，この事実こそ，日本文明と西欧文明との根本的な相違を説明するものであると思う．日本の，

　なかんずく明治時代における近代化は，驚くべき成功としばしば言われて
いるが，それは不完全なものであった．日本人は近代自由主義をば，西欧
諸国におけるごとく，奮闘と犠牲とを経て，かち得たのではなかった．そ
して，まさにそのような高価な価を払ってのみ，人間の権利と尊厳の観念
は根を下すものなのである．したがって，近代日本における機械文明なる
燦然たる楼閣も，なんら固き礎をもつものではなかったのである．[20)]

　高木はこう述べて，西洋の根幹をなす「精神文化」を捨象し，その「上部構
造」にでしかない「物質文明」や「大衆文化」の吸収に汲々とした近代日本人
の所業を明治時代の開国以来一向に変わらぬ「皮相上滑りの開化」の同一線上
にある「宿痾」のごときものであると喝破しているのである．
　さらに高木は西洋史と日本史とを比較しながら，西洋にあって日本にはない
文化的特質を明らかにする．まず仏教に矛先を向け，「人格の概念の発展，乃
至は人生は正邪善悪間の闘争であるという観念を導き出すことは，殆どなかっ
た[21)]．」と断言する高木は，鎖国下における訓詁学の興隆を槍玉にあげ，西洋が「疾
風怒涛を通じて，民主主義の真の礎を築いていた時に，日本は徳川幕府の強力
な支配の下に二五〇年に及ぶかの泰平のまどろみにつき始めた[22)]」とか，「正義
よりは礼節が理想とせられ，学問はいわゆる訓詁，古き教訓や註釈書の解釈を
意味した．そのような教えは国家の権威への信服の伝統と並んで，服従の徳を
強調した[23)]．」という具合に，その負の側面を羅列する．すなわち，日本人であ
るにもかかわらず，高木は西洋知識人の視座を確保して日本を相対化すること
により，日本における近代化の挫折が必然的帰結であることや，絶対者を前提
とする西洋型民主主義を建設することの困難を主張するわけである．それゆえ，
近代日本を断罪するようなトーンを帯びた以下の発言も，所詮，放たれた二の
矢三の矢でしかないのであって，何ら驚くにあたらない．

　　明治維新は輝かしい成果をあげたが，この古き観念を変改するには至ら
　なかった．かくして人間としての覚醒はなく，各人は己の良心の判断につ
　いて，神に対して責任を負う者であることを知ることによって起こる精神
　的訓練も生じなかった．その後のいわゆる日本史，日本文学における新し
　い国学の時代においても，忠誠の念は，封建藩主から天皇に対するそれに

移ったが，服従が強調されることに変わりなかった．かくて，個人人格の感覚はやはり醒まされることなく終わったのである[24]．

　すでに明らかであろう．高木は明治以来の近代化における挫折の根本的原因が「絶対者の不在」にあると理解していたのであり，この点において，高木は敗戦後の日本に戦前と一向に変わらぬ状況を危惧したわけである．このように，敗戦という屈辱を経験してもなお「個人人格の観念」に冷淡かつ無神経な日本人が同じ轍を踏む過ちを反復慣用する可能性を警戒する高木は，もはや危機感を発露させるのに些かも躊躇しない．

　　　日本人の多くはこれらすべてに無関心であり，不完全な礎の上に新しく建物を立てたあの明治の失敗を，危険にも再び繰返そうとしているかのごとく思える．しかし，現在の緊迫した状況は，実は日本人にさし迫った最後の要求をつきつけるといえるのであって，も一度実験をし，も一度失敗を経験するというような余裕はもはや許されない．現実の問題に取捨を誤り，真理の根柢に培うことをしなければ，とりかえしのつかない損失の過ちを犯すことになろう[25]．

　では，ここで高木が提起する「緊迫した状況」，「さし迫った最後の要求」，「とりかえしのつかない損失の過ち」とは，一体何を意味しているのだろうか．また，高木が考える「真理の根柢」とは一体何であったのか．高木の回答は至って明解である．

　　　既に共産主義革命の脅威は地平線上に出現している．しかも共産主義はまさに，日本人にとって極めて当り前のことに思われている指導者と追随者の関係に皮肉にも，依存することが大きい．共産党にとっても，また旧右翼団体にとっても，両者に共通なこの絆を利用することは，さして難しいことではなかろう．現にそのような動きがあちこちに見受けられる．以前の軍国主義に復帰するとは恐らくは考えられないことといえようが，昨日の軍国主義者にして今日星条旗をふりかざしている者が，明日は赤旗を掲げないと，誰がいい得よう[26]．

　この発言においては，日本人の「宿痾」ともいうべき日和見主義が喝破され
ている．しかし，何よりそれ以上に，共産主義と超国家主義とがいずれも軌を
一にするものであると指摘されている点を強調したい．高木にとり，「来世」
の実在を前提としないという点で，あるいはまた，「絶対者の不在」という点で，
左右の差異はあれ，両者は根本的に同一なのである．
　それにとどまらず，高木は「武士道」が「日本文化の理想」であるという点[27]
は首肯しつつも，ピューリタニズムに立脚して民主主義を建設したジェファソ
ン（Thomas Jefferson, 1743-1826）を比較対象として，付和雷同主義の克服を喧伝
したにもかかわらず，「個人人格の観念」を国民に覚醒させるには至らなかっ
た福沢諭吉（1835-1901）を槍玉にあげ，「日本人は国民として精神的に貧困であ
ることを理解するようには導かれなかった[28]」と嘆息する．慥かに「憂国士」と
しての面目躍如たるものがあるが，ここで漸く高木は核心に迫る所感を披歴す
る．

　　　日本は未だ，よってもって安んじて立ち得る磐を掘り当てていない．民
　　主主義，民主政の創始者たるロックやジェファソンその他は，合理主義者
　　であると同時にキリスト教を信ずる者であった．われわれ日本人はこの事
　　実の重要性を認識することができるまでは，民主主義の真の意味を把握す
　　ることはできないであろう[29]．

　要するに，高木は「合理精神」と「キリスト教信仰」の両立こそ，「民主主
義の本物の体得」の条件であると認識していたのである．日本における「合理
精神」導入の不徹底に関する問題は暫く措き，キリスト教導入の意義について
は以下の発言が裏書するところである．

　　　キリスト教が日本の道徳律の中に浸透する時まで，日本の精神革命は未
　　完成のままであろう．ここにこそ，そのために生命を賭する価値ある人類
　　の理想がある．——日本の過去の教えより高く，しかもなお，服従と忠誠
　　等の伝統のもつ最善のものを包容し活かす普遍的理想がある．これこそ日
　　本人をして，人類の建設的進歩において，諸国民とともに手を相たずさえ
　　て働くための備えをなさしめる宗教改革である．その暁には，いな，その

暁にのみ，日本人は真に人類の普遍的言語を語るであろう．そして，その武士道も日本にとって一層価値深きものとなり，おそらくは他国民にとっても価値あるものとなろう．[30]

2　高木八尺における「エマソン・イメージ」の形成

1947（昭和22）年，「敗戦と民主主義」に並行するかたちで，エマソン（Ralph Waldo Emerson, 1803-1882）の翻訳『アメリカの學者他三篇』(1947) が刊行された．この訳書には「アメリカの学者」"The American Scholar"（1837）とともに，エマソン初期にみられる叛逆者的特質が充溢する「神学部講演」"The Divinity School Address"（1838）に加えて，1865年の講演「エイブラハム・リンカン」"Abraham Lincoln"（1965），1866年に『北米評論』(*North American Review*) 誌に掲載された「品性」"Character"（1866）が収載されている．[31]

「アメリカの学者」は1837年8月にエマソンがハーバード大学の「ファイ・ベータ・カッパ」と称するフラタニティで行った演説であり，「アメリカの知的独立宣言（'Intellectual Declaration of Independence'）」と称されている．[32] エマソンは「依存の時代，他国の学問に対する長きにわたる徒弟時代は幕を閉じた．」と宣言し，[33] 考察すべきテーマとして「アメリカの学者」を提示した．エマソンはプルタルコスの『モラリア』から着想を得て，[34] そこに描かれた寓話に1830年代におけるアメリカ社会の現状を投影する．すなわち，かつて神々は「全き人（One Man）」を創造したが，近代化が進捗するにつれ，「全き人」が農民，商人，宗教家，法律家，エンジニア，船乗りへと断片化されたというのである．[35] 要するに，本来は「統一的自己充足型パーソナリティー」が，近代社会による専門化の要求が強まるにつれ，分裂したわけである．

エマソンは，制度的独立を達成したところでヨーロッパ文化の精神的奴隷の状態が甘受される場合，真の独立を達成したことには成り得ないとする立場から，当時のアメリカ社会の構成員が「自己充足型人格」を恢復するためには，「全き人」の断片化や分裂が克服されなければならないと考えた．そのための便宜的手段としてエマソンが要請したのは「自己充足型の人格を有した思索する近代人（*Man Thinking*）」[36] というカテゴリーの確立なのである．

　以上の考察を踏まえつつ，エマソンの認識の枠組を敗戦後の日本社会に適用してみると，『アメリカの學者他三篇』の刊行目的が明らかとなるであろう．高木は「アメリカの学者」の詳細な解説を放棄しているけれども，すでに触れたように，高木が敗戦後の日本社会に認めた現象が自国に対する矜持の喪失によってもたらされる道義的退廃であったことを考慮すると，時空の差はあれ，国民が自己や国家に対する信頼を喪失していたという点において，敗戦後の日本も1830年代のアメリカも同様なのである．つまり，19世紀のアメリカ社会においてエマソンが直面した問題は，敗戦後の日本において高木が眼前で遭遇した状況に一致するのである．これを要するに，高木はエマソンという「フィルター」を介在させて敗戦後の日本社会と19世紀前半のアメリカ社会とを「同一視」していたというわけである．

　この点に着目すると，高木がエマソンの普及に努めた動機も容易に首肯されるであろう．すなわち，高木が形成した「エマソン・イメージ」は，日本の道義的再建と独立を達成するための便宜的な「規矩」としての役割を果たすことが期待されたのである．例えば「アメリカ研究の回顧と展望」(1950) には，「アメリカの学者」に関する以下のような発言がある．

　　　之を移して，明治以来の我が文化の批判と見，従って我が現時の問題に対処すべき方向の示唆と考えるのは，果たして誤であろうか？　我が国民は米国文化の吸収摂取に際して，技術と職業の達人を迎えることに徒に急であって，「思索する人」を迎えてその膝下に教えを乞うことを忘れたのではなかったか？

　　　之を他の視角から云えば，物質文明の移植に急にして，その根柢たる精神文明の理解を怠ったのではなかったか？その結果として，明治以来の我が文明の指導者はいうなれば一芸一能の雄であって，本然の人たるに欠くる所あったとするのは過言であろうか？[37]

「神に連なる人の霊と，神との義しき関係を根柢とする思想」[38]がエマソンの根幹にあると理解する高木は，日本人が高木によって提示された「エマソン・イメージ」を咀嚼することを期待した．というのも，高木のいう「神」と「神に連なる人の霊」がエマソンを仲介者として戦後の日本社会に同化してはじめ

て，日本人が「独立」を達成するとともに，日本社会においても神に連なる「本然の人」の存在が実現するからである．しかも，高木はエマソンの発言を国家存立の条件へと昇華させているのである．

　　　　エマソンは一国家の真の存立は，その各個人が，神より来る確信を持ち，同時に万人も亦神に対し同様の関係に立つと認める事に根拠すると高唱する．³⁹⁾

　高木はこのように述べ，自ら形成した「エマソン・イメージ」に自己と自国民の「当為（sollen）」を投影して，高らかに凱歌をあげてみせている．

　しかるに，後世からの研究対象の断罪を警戒しつつも，エマソンに関する高木の言説を包括的に検証すると，やはり高木も「時代の子」であって，敗戦後の日本人よろしく，高木にあってはエマソンがその実像からかけ離れて，何とも御都合主義的な「パロディ」にされているように思われてもくる．

　日本におけるエマソン受容史という観点から俯瞰すると，さまざまな条件や制約を考慮してもなお，エマソンに関する高木の言説は不完全の誹りを免れない．実際，『アメリカの學者他三篇』には「自然」"Nature"（1836）もなければ，「自己信頼」"Self-Reliance"（1841）も，「大霊」"The Over-Soul"（1841）もない．「経験」"Experience"（1844）もなければ，「偉人を活用する」"Uses of Great Men"（1850）も，「宿命」"Fate"（1860）もない．アメリカ文化を理解するためには「アメリカ理想主義の諸力と，利己主義の諸力とに，夫々適当の重さを與へて，我々の認識を精確にしなければならない」⁴⁰⁾という高木の発言をそのエマソンに関する言説にあてはめた場合，エマソン紹介者としての高木の不完全を指摘せざるを得ないという点で，これも要するに，高木のエマソン言説自体，まったくの「アイロニー」といわざるを得ないのである．

　キリスト教から生まれ，返す刀でキリスト教を否定するエマソンの精神には，国家の再建どころか，アナキズムに連なる特質が内在する．また，エマソンの「神」は汎神論へと連なるものであり，キリスト教の「神」ではない．それどころか，「神」の内在を肯定し，伝統的キリスト教の根本原理である「原罪」や「三位一体」や「キリスト」をも否定するエマソンの思想には，代用宗教へと転落する可能性すら存在する．高木と同時代にそうしたエマソンの特質の一

部を誇大視し，これをアナキズムへの媒介として活用しつつ，近代日本におけ
る「エマソン型自己」の実現に固執した挙句，孤独死に至る辻潤（1884-1944）
を想起するまでもなく，高木が提示した「エマソン・イメージ」においては，
エマソンが孕む反社会的な側面が見事に捨象されているのである．したがって，
キリスト教信仰への仲介者へと矮小化された「高木的エマソン・イメージ」の
役割は，ここに終止符が打たれなければならないのである．

　以上見たように，高木はキリスト教を導入するための手段として便宜的に断
片化された「エマソン・イメージ」を形成した男でしかない．この点が明らか
にされなければ，後世になされた検証としては片手落ちであろう．無論，こう
した考察自体が高木を局蹐する「いかがわしいイメージ」の域を出ないことに
ついては，もはや贅言を弄する必要はあるまい．

おわりに

　高木は敗戦後の道義的退廃に抗して日本の近代化を批判し，民主主義の条件
として，アメリカ人同様，日本人がキリスト教信仰を獲得することを要請した．
しかし，日本におけるキリスト教土着化の便宜的手段として「エマソン・イメー
ジ」を形成した結果，それがあたかも「キリストの仲保者」であるかのような
バイアスを醸成することにも加担した．このように考えた場合，高木のアメリ
カ言説には，戦前から戦後にかけて，アメリカ研究の第一人者の名を恣に享受
した存在であっただけに，功罪相半ばするところがあるといわざるを得ない．

　アメリカとは異なり，日本には萬世一系の皇統が存続しており，今も昔も，
程度の差はあれ，それは国民精神統合の象徴ということになっている．当然，
高木もそう考えていたのであろう．日本人であると同時に，キリスト教徒でも
ある高木は，日本人の「精神的道徳力」の源泉として，皇室の存在を肯定して
みせてはいる．

　　　外に国際間の和睦を念慮し，内には国民文化の普遍性世界性獲得のため
　　に常に指導的地位に立たれた皇室の存在は，時に（殊に往年の如く）時勢の
　　権力に依って曲説宣伝の累を蒙った事実のあるにも拘らず，概して窮極に

は，我が国の世界国際社会に於ける協調提携を齎す甚大の精神的道徳力をなして来たのである[41]。

　ところが，占領期を終えてから約10年後の1962（昭和37）年1月，ついに高木は「日本人キリスト教徒」であることの「自己矛盾」からの脱却を志向するかのように，大博打を敢行する。高木は対峙する昭和天皇（1901-1989）に向かって次のように発言したのである。

　　わが精神文化の真の価値に対する固い信念の上に立ちつつも，なおかつ人は今や覚醒して，心の深奥に窮極なるものへの関心を認め，生命の源泉たる聖なるものを希求し，新たに受くべき力を真摯に受容すべきではなかろうかと思います[42]。

　高木は「キリスト」の名を妄りに唱えはしていない。しかし，キリスト教徒としての立場から，かつて「現人神」と称された昭和天皇に覚醒を促し，キリスト教信仰を慫慂した。世が世ならば，これぞまさしく不敬の極みの所業であると同時に，高木の企図が粉砕され，戦後日本社会における精神的革命が挫折に終わったという顚末を象徴する出来事であったといわざるを得ない。
　高木の生涯における最大の挑戦（チャレンジ）は，「道化」が演じた最大の「アイロニー」なのである。

注

1）澤山博之『ミュージック・ライフ　東京で1番売れていたレコード1958〜1966』（株式会社シンコーミュージック・エンタテイメント，2019年）：7-11.
2）澤山，38-41.
3）澤山，12-245.
4）澤山，12-15.
5）亀井俊介編『日米文化交流事典』（南雲堂，1988年）：157.
6）澤山，16-31.
7）矢内原忠雄「二つのSと二つのJ」『信仰と学問　未発表講演集』（新地書房，1982年）：301.
8）なお，訳出にあたり部分的に改変されている箇所があるが，「敗戦と民主主義」（1948年）は，前年に発表された英文 "Defeat and Democracy"（1947）と内容は同一である。

9 ）アメリカ学会・高木八尺先生記念図書編集委員会『アメリカ精神を求めて　高木八尺の生涯』（東京大学出版会，1985年）：94.

10）同上，144.

11）河西秀哉「日本近現代における買売春のイメージと実態——特に敗戦後の状況下で——」『女性学評論 第28号』（神戸女学院大学，2014年）：35-37.

12）高木八尺「敗戦と民主主義」『高木八尺著作集 第四巻』（東京大学出版会，1971年）：426.

13）同上，430.

14）同上，426.

15）カール・レーヴィット「ヨーロッパのニヒリズム」『ある反時代的考察　人間・世界・歴史を見つめて』（法政大学出版局，1992年）：125.

16）同上，122-123.

17）高木八尺「英米の教育の強み」『民主主義の精神』（東京大学出版会，1962年）：245.

18）高木八尺「敗戦と民主主義」『高木八尺著作集 第四巻』（東京大学出版会，1971年）：429.

19）同上.

20）同上.

21）同上，431.

22）同上.

23）同上.

24）同上，432.

25）同上，434-435.

26）同上，435.

27）同上，432.

28）同上，433.

29）同上.

30）同上，434-435.

31）高木八尺・斎藤光訳『R. W. エマソン　アメリカの學者 他三篇』（新月社，1947年）：131-142.

32）高木八尺「アメリカン・スカラー」『高木八尺著作集　第四巻』（東京大学出版会，1971年）：326.

33）Emerson, Ralph Waldo, "The American Scholar," *The Collected Works of Ralph Waldo Emerson*, vol. Ⅰ（Cambridge, Mass: The Belknap Press of Harvard University Press, 1971): 52.

34）Ibid., 254.

35）Ibid., 53.

36）Ibid.

37）高木八尺「アメリカ研究の回顧と展望」『高木八尺著作集　第三巻』（東京大学出版会，
　　1971年）：453-454.

38）同上，454.

39）前掲『R. W. エマソン アメリカの學者　他三篇』：7.

40）高木八尺「米國の思想」亀井俊介編『アメリカ古典文庫23　日本人のアメリカ論』（研
　　究社, 1977年）：301.

41）高木八尺「「憲法改正草案」に対する私見」『民主主義の精神』（東京大学出版会，
　　1962年）：70.

42）高木八尺「民主主義の原理について」『民主主義の精神』（東京大学出版会，1962年）：
　　10.

第3章　大衆社会の「美」に逆らうもの
──三島由紀夫の批評的創造──

山﨑義光

はじめに

　20世紀における「アメリカ」の文化的影響力について，三島由紀夫（Mishima Yukio, 1925-70）はどのように認識していただろうか．松本徹は，アメリカの影響力が強まる戦後社会のなかで，三島は「アメリカといふ鏡」に自らを映し出[1]すようにして活動したと指摘した．また，南相旭は，三島の「日本」論が「ア[2]メリカ」を媒介することで浮上していたことを，小説テクストの詳細な分析を通じて読みとった．これら先行論には，アメリカと日本との二分的な枠組みによる理解がある．20世紀におけるアメリカと日本の国際政治上の従属─対抗的関係や，グローバル経済のなかで，文化的諸領域へのアメリカニゼーションが浸透した社会背景から三島も無縁ではなく，松本や南の提起に間違いはない．ただし，三島はそうした趨勢に自覚的だった．無意識無自覚に「アメリカの影」に浸透されて「日本」を見出したと考えるとすれば，三島の批評的な「日本」という視角が見えなくなる．

　そこで本章では，三島が「アメリカ」に牽引された20世紀の世界的動向と「ナショナリズム」をどのように認識していたかという点に，まずは留意しておきたい．そのうえで，世界的動向と連動した「美」の現代性を三島がどう認識し，それに対してどのような批評的創造を志向したかを明らかにすることを課題としたい．

1　訪米体験と20世紀の「ナショナリズム」理解

　小埜裕二が論じたように，三島には訪米を含んだ海外旅行が 6 度あった.[3)]

　最初の旅行は1952年 1 〜 5 月である．1951年 9 月にサンフランシスコ講和条約が結ばれた約半年後にあたる．サンフランシスコ，ロサンゼルス，ニューヨーク，フロリダ，プエルト・リコ，ブラジル，ジュネーブ，パリ，ロンドン，アテネ，ローマなどを旅した．この間の旅行記に『アポロの杯』（朝日新聞社，1952年10月）がある.

　2 度目は1957年 7 月〜58年 1 月である．サンフランシスコ，デトロイト（ミシガン大学で講演「日本の文壇の現状と西洋文学との関係」），ニューヨーク，プエルト・リコ，メキシコ，アメリカ南部，スペイン，ローマなどをめぐった．この後『鏡子の家』（新潮社，1959年）を発表した.

　3 度目は1960年11月〜61年 1 月である．1958年に結婚した夫人同伴で，ハワイ，ロサンゼルス（ディズニーランド見物），ニューヨーク，ポルトガル，スペイン，フランス，イギリス，ドイツ，イタリア，ギリシャ，アラブ連合（カイロ），香港（タイガー・バーム・ガーデン見物）をめぐった．出発前に小説「憂國」（『小説中央公論』1961年 1 月）を執筆．ニューヨークの印象について「都市全体が一つの巨大な機械のやうな」「人間最後の都市」という気がするとしながら「世界で一番ニューヨークが好き」と述べた（「ニューヨーク」『海外旅行情報』1960年11月15日）．帰国後「美に逆らふもの」（『新潮』1961年 4 月）を発表した.

　4 度目は1961年 9 月である．アメリカの旅行雑誌『ホリデイ』に「アメリカ人の日本神話」（ドナルド・キーン英訳，*Holiday*，1961年10月）を寄稿．伊勢神宮が20年ごとに造りかえられ，オリジナルとコピーが同価値であることに言及し，日本の現代文化を述べた．同誌に招かれて訪米し，日本の青年がおかれた情況について講演した（"JAPANESE YOUTH"，「ホリデイ誌に招かれて」毎日新聞，1961年10月16日）．この後，小説「帽子の花」（『群像』1962年 1 月），『美しい星』（『新潮』1962年 1 〜11月）を発表した.

　5 度目は1964年 6 月である．サンフランシスコへ出版打ち合わせのため渡航．「わがアメリカの 影（リフレクション）」が雑誌『ライフ』（ドナルド・キーン英訳，*Life*，1964年 9

月11日）に掲載された．

　6度目は1965年9〜10月である．ニューヨーク，ストックホルム，パリ，ハンブルク，バンコク（ワット・ポー，暁の寺ほか見物），カンボジア（アンコール・ワット見物）をめぐった．この年4月に完成させていた映画『憂國』をパリで試写．『豊饒の海』の取材でバンコク，カンボジアを訪れた．

　こうした海外体験を通じて，三島は「ナショナリズム」についてどう認識していただろうか．6度目の旅行後，『豊饒の海』の連載開始，映画『憂國』日本公開のころ，「お茶漬ナショナリズム」（『文芸春秋』1966年4月：全集34, 69-80）で，次のような「ナショナリズム」理解を述べた．海外に行くと日本人がお茶漬けを食べたがることを引きあいに，「日本はまだ貧しい」という引け目の意識と，その逆の「日本はどうして大したもんだ」という優越意識の双方には「西洋を鏡にする」認識，言い換えれば「西洋」を価値基準として「比較」する認識があることを述べた．

　　　では，「日本はまだ貧しい」とか，「日本はどうして大したもんだ」とか言はないで，問題をそんな風に大きくしないで，ただ，
　　「お茶漬は実にうまいもんだ」
　　　とだけ言つたらどうだらうか？
　　　比較を一切やめたらどうだらうか？　大体，お茶漬の味とビフテキの味を比べてみるのからしてナンセンスで，どちらが上とも下とも言へたものではない．又，「フランス料理なら，本場のフランスより，日本で喰べる奴のはうが旨い」なんてバカなことを言はないで，フランスにはフランス料理といふものがあるが，日本にも，日本式フランス料理といふものがある，と言ふに止めたらどうだらうか？　ここらで一切，もう西洋を鏡にするのをよしたらどうだらうか，といふのが私のナショナリズムである．

　西洋との「比較を一切やめ」「西洋を鏡にするのをよしたらどうだらうか，といふのが私のナショナリズムである」という．欧米を憧れや反発の基準とするのではない「ナショナリズム」である．

　ここには，近代化，とくに20世紀の社会的動向に対する認識が前提にある．同じ頃，林房雄（Hayashi Fusao, 1903-1975）との対談『対話・日本人論』（番町書房，

1966年10月：全集39, 554-682）の「第二話　縦の社会と横の社会」では，「テレビの発足と同時に」「横の社会」（大衆社会化）が始まったとし，次のように発言した.

　三島　（中略）これ〔引用者注　大衆社会化〕は，インダストリアリゼーションの必然的結果で，工業化の果てに，精神的空白なり荒廃がくるというのは，どこの国でも同じ現象だと思います．それをアメリカ化と言っているのは間違いで，フランスではコカ・コーラを飲まないことによって，アメリカに対抗するのだと言っているが，これは実にむなしい結果で，フランスもコカ・コーラを飲むようになった．日本もコカ・コーラを飲むようになった．これはアメリカだけのつくった現象ではなく，アメリカというものが，大衆社会の一つの，歴史上の最初のサンプルとして現われたので，これはロシアもそういう形になっているし，ヨーロッパもいやおうなしにそういう形になっているし，日本もなっている．後進社会では，まだそこまでいってない．だから，後進社会の大衆というのは，大衆社会化の大衆ではない．少なくとも，ベトナムの民衆は，大衆社会の民衆ではないのですから，焼身自殺するでしょう．インドネシアもおそらくそうじゃない，政治的に，まだ激しい大衆でしょうね.
　林　つまり民族でしょう.
　三島　民族でしょう．いま民族の国と大衆の国とにだんだんわかれちゃって，それは後進国，先進国というような形に実際はなっているが，われわれも，いやおうなしに，そういう状況に追いつめられていて，そのかわり日本という国は，バランスをとる力は激しいですから，民族ということばは，少しかすがついたことばで，あまり好かんですけれども，日本とはなんぞやという問題が，どうしてもそこで出てくる．大衆社会化が激しくなれば，それに対抗するものはなんだろうというと，アメリカ対日本ではないと思う．つまり工業化ないし大衆社会化，俗衆の平均化，マスコミの発達，そういう大きな技術社会の発達，そういうものに対して，日本とはなにかということを言っているので，やはり攘夷思想の中にあった恐怖の予感はこれだったと思うのです．いまは西洋もクソもないですね．アメリカ

ですらないですね．つまり新しい時代の新しい大衆社会化の現象が起こっ
ている．そういうことに対抗して，日本とか日本人を考えるのであって，
そういうナショナリズムというのは，いわゆる普通の意味の，十九世紀以
前のナショナリズムとか，民族的な国家におけるナショナリズムとは，ぜ
んぜん性質が違うのではありませんかね．
　　林　私は，大衆社会化に対抗できるものは民族だと思うのです．ナショナ
リズムには新も旧もない．〔後略〕

　三島は，近代化が工業化・大衆社会化に向かい「精神的空白なり荒廃がくる」
という動向を「アメリカ化と言っているのは間違い」で，「アメリカ」は「大
衆社会の一つの，歴史上の最初のサンプル」であり，制度やイデオロギーの違
いに関わらない世界的動向だと認識していた．大衆社会化した「先進国」とそ
こまで至っていない「後進国」の違いを踏まえながらも，20世紀の「ナショナ
リズム」は「十九世紀以前のナショナリズムとか，民族的な国家におけるナショ
ナリズムとはぜんぜん性質が違う」と捉え，大衆社会への変容を重視した⁴⁾．
　この頃林は『大東亜戦争肯定論』を出版していた⁵⁾．林は，日本の近代化を，
いわば「十九世紀以前のナショナリズム」による百年の国際的抗争史として捉
えたのだった．しかし，三島が問うたのは，20世紀における「工業化ないし大
衆社会化，俗衆の平均化，マスコミの発達，そういう大きな技術社会の発達，
そういうものに対して，日本とはなにか」ということだった．「大衆社会化に
対抗できるものは民族」であり，「ナショナリズムには新も旧もない」という
林とは，「民族」「ナショナリズム」の認識にズレがある．
　西洋化がグローバルな大衆社会化へ帰結していくという20世紀後半の世界認
識に基づいて，三島は天皇を意義づけた⁶⁾．林との対談「第六話　天皇と神」で
は，明治以降の「天皇は一方で，西欧化を代表し，一方で純粋な日本の最後の
拠点となられるむずかしい使命を帯び」，「現状肯定のシンボルでもあり得るが，
いちばん尖鋭な革新のシンボルでもあり得る二面性をも」つと述べた．文明開
化にはじまる「西欧化」から，戦後の大衆社会化としての「西欧化」に至るま
で，現状（西欧化）肯定のシンボルだったとともに，それに対する革新のシン
ボルとして「純粋な日本の最後の拠点」，「西欧化の腐敗と堕落に対する最大の

批評的拠点になり，革新の原理」にもなるという，二重の「使命」を担った対象として天皇を意義づけたのだった.[7)]

　遠藤不比人[8)]は，三島のいう天皇を「フェティシズム」と捉え，三島がアメリカナイズされた戦後日本を否定すると同時に，誰よりも享楽的に享受（肯定）していた矛盾に着眼した. この矛盾を統合する文化概念としての天皇は，フロイト的な意味で「去勢」を肯定しつつ否定する「フェティシズム」にあたるという. 男児の去勢不安は，母がペニスを持たない，つまり父によって去勢されているという発見によって惹起される. ペニスの代理物が関心の対象となるとき，本来のペニスであると同時にそれではないというパラドクスが凝縮したものとなる.「三島由紀夫の「象徴天皇」とは，反共冷戦リベラリスト的な「言論の自由」の擁護（去勢の承認）と「美的テロリズム」への渇望（去勢の否認）の「妥協」による心的な形成物，つまりフェティシズムの「崇高な対象」である」という. この指摘は，三島が天皇を，西洋化の帰結として大衆社会化した日本の象徴であるとともに，批評的拠点でもあると意義づけたことにあたる.

　三島は，グローバル化し大衆化した20世紀後半における政治・経済・文化のなかで，「西洋を鏡」としたナショナリズム，政治的に利用される「民族」主義とは異なる次元で,「日本とか日本人」の存立の批評的拠点として，フェティシズムとしての天皇を見出したといえるだろう.

2　「美」の現代性と大衆消費社会

　さて，こうした平板化した大衆社会化への世界的動向を踏まえながら，三島は芸術的創造の批評的焦点（クリティカル・ポイント）をどこに求めていたか. そのことを述べたエッセイとして，3度目の旅行後，1961年に発表した「美に逆らふもの」（全集31, 546-558）を取り上げたい.「美」に対する感受性の現代性（モダニティ）というべき美学的テーマのエッセイである. 冒頭次のように記した.

　　もう今度の旅では，私は「美」に期待しなくなつてゐた. 解説された夥しい美，風景，美術館，建築，有名な山，有名な川，有名な湖，劇場，目をまどはす一瞬の美，さういふものに旅行者は容易に飽きる. 旅立つ前か

ら，私が夢みたのは，何とかして地上最醜のもの，いかなる「醜の美」を
も持たず，ひたすらに美的感覚を逆撫でするやうなもの，さういふものに
遭遇したいといふ不逞な夢であつた.

　ここでいう「美」とは，グラフ誌や雑誌広告，旅行案内に載せられた写真の
ような「解説された」「美」であることに注意を要する．それに対して，「美的
感覚を逆撫でするやうなもの」にこそ「遭遇したいといふ不逞な夢」を述べた.
「こちらのとりだす幾千の物差に永遠に合はない尺度を持ち，こちらの美的観
点に永遠に逆らひつづけ，どんな細部でも美からうまく身をそらし，永久に新
鮮な醜でありつづけるやうな存在物，……こんなものがあつたとしたら，それ
は一体何物であらうか？」．このような「夢」を抱かせたのは，次のような「ア
メリカの商業美術」的感性の広がりを認識していたことが前提となっていた.

　　北米合衆国はすべて美しい．感心するのは極度の商業主義がどこもかし
　こも支配してゐるのに，売笑的な美のないことである．（中略）いい例がカ
　リフォルニヤのディズニイ・ランドである．ここの色彩も意匠も，いささ
　かの見物的侘びしさを持たず，いい趣味の商業美術の平均的気品に充ち，
　どんな感受性にも素直に受け容れられるやうにできてゐる．アメリカの商
　業美術が，超現実主義や抽象主義にいかに口ざはりのいい糖衣をかぶせて
　しまふか，その好例は大雑誌の広告欄にふんだんに見られる．かくて現代
　的な美の普遍的な様式が，とにもかくにも生活全般のなかに生きてゐると
　感じられるのはアメリカだけで，生きた様式といふに足るものをもつてゐ
　るのは，世界中でアメリカの商業美術だけかもしれないのである．（中略）
　　アメリカでは実に美に逆らふやうなものが存在しない．これがアメリカ
　の特色で，どこへ行つても，われわれの感覚は適度によびさまされ，適度
　に眠らされる.

　「アメリカの商業美術」に「現代的な美の普遍的な様式」「生きた様式」をみ
た．「美」的なものはすべて了解可能で平板なものとして受容され，「拒否も憎
悪も闘ひもない美の「民主主義的時代」」となり，「歴史上のどんな珍奇な美の
様式にも，われわれは寛容な態度で接してしまふ」ようになったという．こう

した「美」の現代性の先端をアメリカに見て、「美に逆らふやうなものが存在しない」という点に「アメリカの特色」があるとした．その例が「ディズニイ・ランド」と「大雑誌の広告欄」である．その圧倒的な「現代的な美の普遍的な様式」の普及を不可避な動向として認識し、それに淫しながら、「美に逆らふもの」の可能性に三島の批評的創造の焦点が絞られた．

　こうした認識は、大塚英志が指摘したように、ボードリヤール（Jean Baudrillard, 1929-2007）の消費社会論や20世紀末の日本の現代社会論を先取りするものだったといえよう．吉見俊哉「ディズニーランド化する都市」は、ディズニーランド（Tokyo Disneyland, 1983年開園）を、メディアにおいて表象された世界が三次元化したものとして論じた．そして「ディズニーランドが映像の世界の三次元化としてあったとするならば、渋谷・公園通りをはじめとする都市の街並みは、いわば同時代の雑誌のグラビア広告の三次元化として出現していったのである」という．「映像の世界」と「グラビア広告」などメディア・表象の方にリアリティがあって、「ディズニーランド」や「都市の街並み」は、そうしたメディア世界が三次元化した転倒としてあると論じた．そして、次のように概括した．「ディズニーランドを生み出していった社会は、すでにあらゆるものを内部化してしまったがゆえに、もはや「外部」の現実に準拠したり、みずからの自足するリアリティに亀裂を走らせるような他者の異質性を認めていくことができない．ディズニーランドは、何らかの外部の現実に言及するのではなく、そうした外部性そのものを幻想的に擬製する」．

　これは1950〜60年代に三島が「アメリカ」に看取していた事態である．大衆消費社会におけるメディアと現実との関係の転倒、すなわち現実の反映としてメディア的な表象があるのではなく、逆にメディア的な表象が現実を生みだしていく転倒が常態化し、世界が内閉化する事態である．吉見は、メディア的な「内部」性によって、「外部」の現実、「他者の異質性」が排除されていくところに「都市」のリアリティが成立していると指摘した．三島の「アメリカ」認識に即して言えば、世界は、あらかじめ想像され「解説された」「美」に覆われて「平均」化され、「われわれの感覚は適度によびさまされ、適度に眠らされ」ることで内閉化されて、外部性としての「美に逆らふやうなもの」が存在しない、ということになる．

　こうした「ディズニーランド」に象徴される大衆消費社会と三島を関連づけ
たのが大塚[12]だった．大塚は，三島がシミュラークル（ボードリヤール）として戦
後社会を捉え，それと親和的に，オリジナルとコピーの序列差がないことに日
本文化の特質を見たことを指摘した．断片化したフェイクの氾濫する20世紀の
社会に対し，それを包括した文化的アイデンティティの回復というビジョン（文
化概念としての天皇）を対抗させた三島の論脈を，早すぎた消費社会論と捉えた
うえで，三島を「歴史から切断されたまま放置し，そして，現在に向けて居心
地の悪さをもたらすものとしてあり続けるべきだ」と評価した．大塚は，ディ
ズニーランド化する社会を先取りした三島の認識とその隘路を指摘した．大塚
のいう「居心地の悪さ」にこそ，三島の社会認識とそれに対する批評的な創造
があったといえるだろう．

3　美に逆らうものとしての映画『憂國』

　エッセイ「美に逆らふもの」の眼目は，その後半部にある．そこでは，「永
らく探しあぐねてゐたもの」として，香港の「タイガー・バーム・ガーデン」
に言及していた[13]．その衝撃をこう述べた．「私は今までにこんなものを見たこ
とがない．強いて記憶を辿れば，幼時に見た招魂社の見世物の絵看板が，辛う
じてこれに匹敵するであらう．その色彩ゆたかな醜さは，おそらく言語に絶す
るもので，その名を Tiger Balm Garden といふのである」．

　タイガー・バームは咳止め感冒薬の名前で，この薬で富豪となった創業者・
胡文虎（Hu Wen-hu, 1882-1954）の私財を投じてガーデンが造られた．三島は「ア
メリカの商業美術」的な「美に背馳したもの」として，このガーデンに次のよ
うに言及した．

　　　この庭には実に嘔吐を催させるやうなものがあるが，それが奇妙に子供
　　らしいファンタジイと残酷なリアリズムの結合に依ることは，訪れる客が
　　誰しも気がつくことであらう．中国伝来の色彩感覚は実になまぐさく健康
　　で，一かけらの衰弱もうかがはれず，見るかぎり原色がせめぎ合つてゐる．
　　（中略）

　中国人の永い土俗的な空想と，世にもプラクティカルな精神との結合が，
これほど大胆に，美といふ美に泥を引つかけるやうな庭を実現したのは，
想像も及ばない出来事である．いたるところで，コンクリートの造り物は，
細部にいたるまで精妙に美に逆らつてゐる．幻想が素朴なリアリズムの足
枷をはめられたままで思ふままにのさばると，かくも美に背馳したものが
生れるといふ好例である．

　「奇妙に子供らしいファンタジイ」でありながら「残酷なリアリズム」と結
合された「嘔吐を催させるやうな」ガーデンに，いわば「ディズニイ・ランド」
の陰画を見出したといえよう．「商業美術」的感性に逆らうものへの志向に，
三島の批評的な視角があった．
　このエッセイは『美の襲撃』（講談社，1961年11月）に収められた．本書の表紙
のために，三島が被写体となって細江英公（Hosoe Eiko, 1933-）が写真を撮った．
これをきっかけに細江の写真集『薔薇刑』（集英社，1963年3月）へ発展したとい
う[14]．三島自身が表現の客体（オブジェ）となる試みは，映画『からっ風野郎』（1960年）出演，
映画『憂國』の製作（1965年）に通じる．「美に逆らふもの」という批評的で創
造的なテーマは，細江と横尾忠則（Yokoo Tadanori, 1936-）の芸術実践と交差し，
横尾が装丁・挿画に加わった3人の共同製作『薔薇刑　新輯版』（集英社，1971
年1月）につながった[15]．
　三島は「ポップコーンの心霊術——横尾忠則論」（生前未発表，1968年執筆：全
集補巻，169-173）で，次のように横尾作品を評していた．

　　彼の世俗的な成功は，日本的土俗の悲しみとアメリカン・ポップ・アート
　　の痴呆的白昼的ニヒリズムとを，一直線につなげたところにあつた．この
　　奇妙な，木に竹をついだやうな作業は，戦勝国アメリカ，「独占資本主義
　　的帝国主義的」アメリカの，裏側のポカンとした悲しみとリリシズムの泉
　　に触れえたのだつた．はつきり云つて，それは，日本的恥部とアメリカ的
　　恥部との，厚顔無恥な結合，あるひは癒着であつたといへる．
　　（中略）
　　横尾氏のやつたことは，＋に＋を掛けて＋（プラス）にすることではなく，－に
　　－を掛けて＋にすることだつたが，これはいはば国際親善とは反対で，又，

　　ツーリズム，世界的流行，工業化社会，都市化現象，大衆化社会などとも
　　反対の，人の一番心の奥底から奥底への陰湿な通路を通つた，交霊術的交
　　流なのだつた.

　「日本的土俗の悲しみ」と「アメリカン・ポップ・アートの痴呆的白昼的ニ
ヒリズム」には，工業化・大衆社会化時代の「精神的空白なり荒廃」が通底し，
その一見意外な掛け合わせに横尾作品の特徴をみたといえよう. それは「国際
親善とは反対で，又，ツーリズム，世界的流行，工業化社会，都市化現象，大
衆化社会などとも反対」の「交霊術的交流」だとした. 横尾評価の核心も「美
に逆らふもの」にある.
　　こうした「美に逆らふもの」への志向は，映画『憂國』（全集別巻[16]）に凝縮し
て表象された. 二・二六事件をモデルに，新婚ゆえに決起に加えられず，鎮圧
する側で出兵することになった青年軍人が，その直前に妻と自決するというス
トーリーである. 映像は白黒で，セリフがなく，ワグナー作曲「トリスタンと
イゾルデ」の楽曲が流れる. 説明字幕は手書きの日本語，英語，フランス語，
ドイツ語のものがある（全集別巻所収ブックレット，英語版字幕タイトルは "憂國
Yūkoku or The Rite of Love and Death"）. 外国語版字幕に「愛と死の儀式」と付さ
れたとおり，心中を確かめ合った夫妻の最後の情交，そして切腹場面をクライ
マックスとし，妻の自決，石庭に眠るように重なりあう死体の映像でエンドと
なる.
　　演出の堂本正樹[17]によれば，「能舞台」のセットに「白黒」撮影，「小道具の類
は必要最小限にし，演技も様式化する. そして切腹だけをリアルに！ 特に血
は」ということが当初からの構想だった. また，日本では「道楽」と「笑いも
の」にされかねないため，「はじめから海外での評価を期待」していたという.
1965年4月に日本のマスコミへ漏れないよう配慮されて撮影されたのち，9月
にパリで試写され，1966年1月のツール映画祭に出品して好評を博し，4月に
日本で公開された.
　　映像の諸要素には，能舞台の設定，書，和服，神棚，日本刀，白無垢，石庭
といった，いかにも "日本的なもの"（ジャポニスム的なもの）というべき，独創
性に欠けた記号的な「美」的諸要素を選りすぐって構成した. 舞台背景の中心

には毛筆で大書された「至誠」の文字があり，空間の諸要素を統合して意味づけた．

　形式化された所作により，人物の動きは最小限にとどめられた．和服の妻と軍帽軍服の夫の手や胴体，目といった局部がクローズアップされ断片化された映像は，抽象化をともない，個別具体性を脱して普遍性を表象することにつながる．それらの映像は，動画であるよりも写真の連続のようである．加えて，白いあるいは黒い背景のなかに，しばしば人物が浮遊しているように見える．二・二六事件という歴史的事件をモデルとしながらも，表象空間は歴史性や民族性，日常性といった個別具体的なトポスからの切断が意識されている．

　クライマックスの切腹場面では，苦悶する肉体，切り裂かれ飛び散る血潮，ハラワタをはみ出した肉体のカットが映し出される．「映画的肉体論」（『映画芸術』1966年5月：全集34，90-97）で三島が述べたことにしたがえば，映し出される諸要素が，知的に統制された意味を示す記号性（「暗喩」）を担いながら，切腹の映像は，意味を脱する物自体（「das Ding an sich」），「人間の無個性的な普遍的な肉体存在の実相」を露呈させた．守安敏久は，白い能舞台と手書きの「書」[18]に着目し，この映画の表象空間は「能舞台であると同時に「書」の空間」であるとし，血と墨汁に類同性があると指摘した．男の肉体は，切腹において墨汁のような血を流す．そのただ中で，意味を逸脱した不気味なものとしてハラワタが露出する．人間にとってもっとも近しく不可欠で普遍的なものが，ありうべからざる外部へ“不気味なもの”[19]（フロイト的な意味での Das Unheimliche）として一瞬露呈されるのである．

　その後，妻は血だまりの中を歩み，白い和服の裾が筆のように血を引き摺る．その血は「至誠」の文字から流れ出したようにも，血で文字を記すようにも見える．ラストには，海を表すような石庭の文様のなかで，無個性で抽象化した軍帽と死化粧の男女が眠るように横たわる映像を配した．それは，再度“日本的なもの”の意味空間に還元するとともに，“息づいた死体”ともいうべき表象によって他界との境界を示した．

　映画『憂國』は，断片化された“日本的なもの”の道具立てのなかで演じられる行為を「至誠」の意味で統合するように構成した．しかし，切腹場面では，統御不能で意味づけを拒むハラワタを表象した．それは，“日本的なもの”の

集積による「美」に裂け目を生じさせ，その「美」に逆らうものを露呈させる企図だったといえよう．

お わ り に

　三島由紀夫は，20世紀における世界的動向を，国家や民族という「十九世紀以前のナショナリズム」とは異なった，グローバルな大衆化にあると認識していた．そのなかで「アメリカの商業美術」に尖鋭的に現れた「美」のモダニティが，世界を平板化し内閉化していく動向にあるのに対して，「美に逆らふもの」への志向を批評的で創造的なテーマとした．映画『憂國』では，"日本的なもの"の「美」に内部化した表象空間の亀裂から，「美に逆らふ」外部性が露呈するように表象した．

　映画『憂國』では，現世的な政治行動に加わらない自死の行為を題材とし，他界との境界を暗示したように，外部性は，歴史社会的・地政学的な周縁性よりも，世界を全的に相対化する外部としての他界，霊性との結びつきを予感させた．三島のテクストには，しばしば疎外された外部性が中核的な要素として組みこまれていた．1960年代に限ってみても「英霊の声」（『文芸』1966年 6 月）における英霊と天皇，そして『豊饒の海』における主人公の転生とそれを意味づける仏教の世界観としての阿頼耶識などがあった．ただし，外部性は特定の他界観に収斂することなく多様に変奏された．例えば，人間世界に対する外部存在としての「宇宙人」（『美しい星』）でもありうる．加えて，それらは内部から見出された外部性という限定が常につきまとい，アイロニックに表象された．そうした限定をともない多様に変奏されながら，「美に逆らふもの」への志向は，批評的創造のモチーフとして繰り返し表象されたといえるだろう．

[付記]
　　三島由紀夫のテクストは『決定版三島由紀夫全集』（新潮社）を用い，「全集」と略記して巻・頁を示した．

注 ——

1）松本徹「三島由紀夫とアメリカ」（『奇蹟への回路』勉誠社，1994年）．

2）南相旭『三島由紀夫における「アメリカ」』（彩流社，2014年）．

3）小埜裕二「三島由紀夫のアメリカ体験序説」（『稿本近代文学』17, 1992年）．このほか，小埜裕二「アメリカ」（『三島由紀夫事典』勉誠出版，2000年），全集42所載「年譜」を参照．

4）大衆消費社会化の予感を，三島が戦後の早い段階で捉えていたことについては，拙論「「存在の無力」という「時代の悩み」——「幸福といふ病気の療法」論——」（『三島由紀夫研究』15, 鼎書房，2015年）で論じた．

5）三島は林房雄との対談に先立って「林房雄論」（『新潮』1963年2月）を発表．その後，林は『大東亜戦争肯定論』を1963年9月〜65年6月号『中央公論』に連載．単行本は2分冊で，番町書房から1964年8月，1965年6月に刊行．これらを経て2人の対談が行われた．林の史観が戦前の小説『青年』以来であることについては，拙稿「林房雄における一九三〇年代の浪曼主義的転回——『青年』前後」（呉京煥，劉建輝編『日本浪曼派とアジア』晃洋書房，2019年，第六章）で論じた．

6）拙稿「天皇」（有元伸子，久保田裕子編『21世紀の三島由紀夫』翰林書房，2015年）．

7）三島の天皇観にともなう矛盾については橋川文三「美の論理と政治の論理」（『中央公論』1968年9月）の批判と三島の応答「橋川文三氏への公開状」（『中央公論』1968年10月）があった．この矛盾の理解については，小林敏明「憂鬱な国——三島由紀夫「文化防衛論」を再読する」（『憂鬱な国／憂鬱な権力』以文社，2008年，第四章），柳瀬善治「「言論の自由」と「文化的天皇」——『文化防衛論』における「表現」と「倫理」の問題——」（柳瀬善治『三島由紀夫研究』創言社，2010年，第二部）を参考とした．

8）遠藤不比人「症候としての（象徴）天皇とアメリカ——三島由紀夫の「戦後」を再読する」（『日本表象の地政学』彩流社，2014年）．

9）大塚英志「三島由紀夫とディズニーランド」（『サブカルチャー文学論』朝日新聞社，2004年）．

10）ジャン・ボードリヤール『消費社会の神話と構造』（今村仁司，塚原史訳，紀伊國屋書店，1979年）原書は1970年刊．同『象徴交換と死』（今村仁司，塚原史訳，筑摩書房，1982年）原書は1976年刊．同『シミュラークルとシミュレーション』（竹原あき子訳，法政大学出版会，1984年）原書は1981年刊．

11）吉見俊哉『リアリティ・トランジット』（紀伊國屋書店，1996年）．

12）前掲大塚．

13）香港とシンガポールのタイガーバーム・ガーデンを紹介・解説したものに，谷川晃一，ねじめ正一（編著）乙咩雅一（写真）『タイガーバーム・ガーデン』（新潮社〔新潮文庫〕，1987年）がある．

14）細江英公「『薔薇刑』のいきさつ」（『新潮』1971年1月臨時増刊）．

15）新輯版は，国際版として三島の序文に英訳を添え，横尾の装丁・挿画を加えて構成も

　　改めた．三島は本書推薦文（全集別巻附録月報）に「三者一体のトリオの，深い芸術的
　　結実」と記した．

16）全集別巻のほか DVD『憂國』（東宝，2006年）．

17）堂本正樹『回転扉の三島由紀夫』（文藝春秋〔文春新書〕，2005年）．

18）守安敏久「三島由紀夫の映画『憂國』」（『宇都宮大学教育学部紀要　第 1 部』2010年）．

19）ジークムント・フロイト「不気味なもの」（中山元訳，『ドストエフスキーと父親殺し
　　／不気味なもの』光文社〔光文社古典新訳文庫〕，2011年）．

第4章　村上春樹の『地獄の黙示録』受容とヴェトナム戦争
──エッセイ『同時代としてのアメリカ』から
小説「午後の最後の芝生」へ──

高橋由貴

は じ め に

　村上春樹が映画と深く関わった経歴をもつことはよく知られている[1]．シナリオライターを目指していた彼は，早稲田大学文学部の映画演劇科に籍を置き，映画に強い関心を寄せていた．在学中は年200本もの映画を鑑賞し，映画館に行けないときは演劇博物館に入り浸って『キネマ旬報』と『映画評論』に掲載された古いシナリオを読んでいたという[2]．はやくも1969年に最初の映画評を公表したのを皮切りに[3]，作家デビューの後にも「太陽の眼」と題した10本の映画評を寄稿しており[4]，川本三郎との共著『映画をめぐる冒険』では154本もの外国映画レビューを書いている[5]．そうである以上，村上文学が映画との深い関わりのもとで成立していることは疑いない．

　邦画を含む幅広いジャンルの映画を見ていたはずの彼の関心は，ある時期からアメリカ映画に固定される．1975年，彼が早稲田大学に提出した卒業論文の題目は「アメリカ映画における旅の思想」だった[6]．注目すべきは，1982〜83年にかけて中央公論社発行の雑誌『海』に連載されたエッセイ『同時代としてのアメリカ[7]』である．「政治の季節」が到来した1960年代後半から70年代までのアメリカ社会を論じたこの連作エッセイでは，ハリウッド第5世代の台頭とロックバンドのザ・ドアーズ（The Doors）の登場がアメリカ映画および音楽シーンの画期的事件として特記されている．その上で，ヴェトナム戦争を契機にアメリカ社会全体に拡散した自己分裂的な人間のあり方を把捉する独特な文化論が展開されるのである．

　この連作エッセイの中心的な主題は，ヴェトナム戦争が題材となった映画『地獄の黙示録』（*Apocalypse Now*, 1979年）を村上春樹がどのように受容したかという一点にある．フランシス・コッポラ（Francis Coppola）が監督・脚本をつとめ，ジム・モリソン（Jim Morrison）を中心とするドアーズが作中歌を手がけたこの映画を村上は絶賛する．その評価のポイントは，映画でありながら映画とは似て非なる「プライヴェート・フィルム」を作りあげたという点にあった．村上は，この映画を，1960〜70年代を画期として大衆化したアメリカ社会の現代性を象徴する頂点的な一作に位置づけている．コッポラとモリソンの協働から成る映画は，従前の芸術論の参照枠では捉えられない．このことに彼は早くも気づいていた．

　本章では『同時代としてのアメリカ』を検討し，『地獄の黙示録』という映画受容が，村上春樹の初期短篇「午後の最後の芝生」に及んでいることについて論じる．結論的なことを先取りして言えば，村上文学は，第二次世界大戦とその敗戦に直結した戦後の日本文学からの流れを継承しつつも，それに加えて，ヴェトナム戦争によって自己分裂に晒されたアメリカ社会で産み落とされた大衆文化の方法を取り入れて出発していたのである．

1　『同時代としてのアメリカ』における文学観

　一九六〇年代後半から七〇年代前半にかけての十年間，生活様式から世界の政治構造に至る全ての状況が一挙に多様化し複雑化したあの十年間，我々のまわりには様々なムーヴメントが生まれた．それらのあるものは声高に進行し，あるものは静かに進行し，そしてどちらにせよ自ら辿るべき道を辿って時の流れの中に泡のように消えていった．スローガン，スローガン，スローガン……．我々は馬を乗り継ぐようにスローガンの中を生きてきた．スローガンがその存在意味を失った時，コピーがそれにかわった．コピー，コピー，コピー……同じことだ．／あの時代に生まれた数多くのスローガンの中で，最も強い説得力を持ち，最も広いコンセンサスを得たスローガン，あるいは最も長生きした馬は「ヴェトナム反戦」である．それは米軍の最後の部隊がヴェトナムをひきあげる一九七三年まで生き延

び，そしてゆっくりと死んだ．(「誇張された状況論」)

　1960年代後半から70年代前半にかけて世界を席巻したカウンターカルチャー運動を村上はこう振り返る．ヴェトナム反戦運動から広まった「様々なムーヴメント」の有効性ではなく，そこで叫ばれることばが思想性のない見せかけの記号（「スローガン」）に過ぎず，あらゆる文化が形骸化・類型化しながら凋落していった事態（「泡のように消えていった」）が皮肉られているのがわかる．大学在学中からジャズ喫茶経営期まで，カウンターカルチャーの波を肌身で感じてきた村上にとって，様々な文化運動の退潮は看過しえない出来事だった．思想性の形骸化・フィクション化は，巷にありふれる記号の嵐（「コピー，コピー，コピー」）という文化の大衆化をますます進行させている．

　文化の大衆化はもちろん文学に波及する．文中では，70年代に起こった文学の変容として，純文学と大衆文学という区分の無効化，フィクションとノンフィクションという対立の無意味化，リアリズムと反リアリズムの対立の形骸化が説かれている．以下，カウンターカルチャー世代に共有される「同時代」性という視座に基づいて書かれた村上の1970年代アメリカ文学批評を検討していきたい．

　批評の基点となったのは，ヴェトナム戦争を見る人間が陥る自己分裂である．特派員として戦地を取材したマイケル・ハー（Michael Herr）が被った自己分裂を村上は次のように説明する．

　　「(…) 問題はあなたが自分が何を目にしたのかをいつもちゃんとわかっているとは限らない，ところにある．それがわかるまでに何年もかかったりする．そして目にしたものの多くは全く意味をなさぬまま目の奥に貯えられ，とどまるだけだ」(「ディスパッチ」) ／マイケル・ハーはこのように戦争の参加者の一人として分裂の中にひきずりこまれていく．(中略) だから彼らは戦場にあって「自分自身の映画」を作り上げざるを得ない．それがどれほどみっともない映画であれ，そうしないわけにはいかないのだ．これはただの映画なんだと，自分に言い聞かせるところから全ては始まる．その映画の中では彼らは主人公であると同時に観客である．／このようなメディア・ワンダーランドにあって，深刻な人格の自己分裂を避ける方法

　　はひとつしかない．全ての価値判断作業を放棄して，それがどのように矛
　　盾したものであれ現実に身をまかせること，つまりクールな気違いになる
　　ことである．（「誇張された状況論」）

　自分が目にした現実は大きな真実の断片でしかなく，また１つの断片ともう
１つの断片とは相反し，それらもすべて真実である．戦場における矛盾はそれ
を見る者に「深刻な人格の自己分裂」を引き起こす．この自己分裂は「主人公
であると同時に観客である」ような「映画」制作の試みに擬えられる．ハーは，
客観的真実を求めるという態度を放棄し，「クールな気違い」たる自らの歪ん
だ狭い視野から見た戦場をビートの効いた知性的な文章で綴る．事実，彼が著
した文学性の高いルポ『ディスパッチ』（Dispatches, 1977年）は，ニュージャー
ナリズムの代表作として高い評価を得る．
　極限状況にある戦場と平穏な日常を送る本国とが隔絶されていたこれまでの
戦争とは異なり，ヴェトナム戦争では「汚い」「みっともない」戦いが繰り広
げられるヴェトナムとアメリカ本国とが「太いパイプライン」で結びついてい
た．したがって，ヴェトナムで起こったことはアメリカでも起こり得る．『ディ
スパッチ』と対をなす作品として村上が紹介したのは，C・D・B・ブライア
ン（Courtlandt Dixon Barnes Bryan）『友軍の誤射』（Friendly Fire, 1976年）だった．
これは遠いヴェトナムの地で息子が味方の砲弾を受けて事故死したことを告げ
る１通の手紙を契機に，平凡な農家の夫婦が反戦運動に身を投じていく様を追
跡したドキュメントである．村上はこのドキュメントからも，「求めていた真実」
と「解明されてきた真実」の相反，「「反戦」へと駆りたてた個人的な体験」と
「「反戦」の持つ普遍的原理」の分裂を読み取る．[8]
　『ディスパッチ』が，戦地に赴いて取材をおこなった人間における真実の分
裂とそれに伴う自己分裂を描出したルポであるとすれば，『友軍の誤射』は，
本国にとどまりながらヴェトナム戦争を見定めようとした人間における真実の
分裂とそれに伴う自己分裂とを摘出したドキュメントである．村上はヴェトナ
ム戦争によってアメリカに広くもたらされた自己分裂的な徴候を，スタイルの
異なる２つの優れたノンフィクションから取り出してみせた．この戦争が人々
にもたらす分裂症的性格は，戦地たるヴェトナムでも本国たるアメリカでも等

しく生起するという見方の下，ヴェトナム戦争に取材した2つのノンフィクションが紹介されている．

　続いて村上は，1970年代におけるアメリカのフィクションに目を向け，一躍ベストセラーとなった2人の作家，スティーヴン・キング（Stephen Edwin King）ジョン・アーヴィング（John Winslow Irving）の小説様式を，やはりヴェトナム戦争との関わりから論じていく．

　キングが描く恐怖小説は，「緊迫の60年代」とそれに引き続く「疲弊の70年代」との落差に基づく「認識の崩壊」に由来すると評される．60年代に文化運動の挫折という社会的無力感と経済的な困窮という個人的苦難を背負いつつ青春を送ったキングは，70年代に入ると出口なしの不条理な状況を恐怖でもって突き破る小説を書き継いだ．キングの小説は専ら反権力的・反父性的な家庭崩壊の恐怖が主題とされる．そして疲弊の時代で物事がうまくいかずフラストレーションを抱える人々は，現実とは一線を画した恐怖小説というフィクションを介して「自らの不安を客観視できる」ようになる．キングの本が売れた所以は，このような70年代の一般大衆が有する絶望や暗さを，恐怖小説によって可視化したところにあるのだと述べる．

　キング同様，70年代を象徴する小説家として注目されるのが「純文学と大衆文学のかけ橋」と評されるアーヴィングである．60年代には，従軍体験のあるカート・ヴォネガット（Kurt Vonnegut）やジョン・ホークス（John Hawkes）といった「世界とは自分の目から見たそれ以外の何ものでもない」という傲慢さに開き直るポストモダニズム小説が登場した．その流れを継ぐアーヴィングもまた，歪んだ偏見から眺める「自分たち的な世界（the world according to them）」を呈示する．だが，高尚で難解なヴォネガットやホークスとは異なり，アーヴィングは，読みやすい文体，巧みなストーリー・テリング，誇張されたキャラクターと想像を絶するプロット展開を駆使し，ポストモダニズム小説が有する先鋭的な現代性に背を向けた「反現代小説」を作り出した．「主体性の崩壊とそれに伴う小説言語の解体」を中核に据えたポストモダニズム文学でありながら，同時に「テレビのソープ・オペラ的「家族物語」」のような大衆文学でもある点にアーヴィング小説の特異性がある．長篇小説『ガープ的世界のなりたち』（*The World According to Garp*, 1979年）の「爆発的成功」を村上はこう分析する．

　これら大衆小説の方法は，物質的繁栄を享受しつつも出口なしの実存的な不安に苛まれた1970年代のアメリカに即した必然の様式として評価されている．自己分裂に陥り，偏見に歪んだ目で見た私的世界を呈示する小説スタイルは，キングやアーヴィングのフィクションからはもちろんのこと，ハーやブライアンのドキュメントからも等しく見出される．〈純文学／大衆文学〉〈リアリズム／非リアリズム〉，〈フィクション／ノンフィクション〉といった対立が無意味化したという村上の主張は，こうした文学観から導き出されているのである．

　さらに村上は，これらの作品が大衆の耳目を集める趨勢に，レイモンド・チャンドラー（Raymond Thornton Chandler）の小説が再評価されはじめた機運を加える．チャンドラーが差しだした都市小説のラディカルさは，第一次世界大戦後の伝統的価値体系の崩壊が，私立探偵という仮構された私的な目を通じて描出される点にあるとされている．そこでは，《private eye》という機能に特化した観念的な「私」（ここでは私立探偵のフィリップ・マーロウ）が，人間の欲望と暴力が横溢する無秩序な都市の中で，秩序の確立と回復を企てようとする．しかし，徐々に「私」が抱いていた都市への憧憬は破れる．そして「私」が目のあたりにするモラルの混乱が読者にも突きつけられる．このような意味でチャンドラーの都市小説は「流動的ムーヴメント」なのである．アメリカのみならず高度経済成長を機に急速な都市の郊外化と既存の価値崩壊が進む70年代日本においても，感情を抑制したクールな文体で都市幻想が暴れていくチャンドラー小説は，以前にも増して大衆の支持を集めるのだ，と村上は考察する．

　このように村上は，ヴェトナム戦争に取材したノンフィクションと70年代にベストセラーとなった大衆小説，どちらも共に私的な目から「誇張された状況」を眺めるテクストであると把握する．そして，この私的な目による偏見と混乱と分裂の中にこそ，時代のリアリティーが見出されるのだと説く．換言すれば，70年代の文学テクストに現れる主体は「主人公であると同時に観客である」という自己分裂を強いられている．60年代では有効だった客観的真実の追求や政治と思想の探求はいつのまにか放棄され，70年代には「私」という目から眺められた狭い世界こそがリアリティーを持つようになったのである．

　以上，『同時代としてのアメリカ』にあらわれた村上の，1960〜70年代のアメリカ文学批評を検討してきた．ここで節を改め，ヴェトナム戦争をきっかけ

に文学が変容してしまったという理解の延長上に，村上の映画『地獄の黙示録』
に対する評価があることを確認していきたい．

2　映画『地獄の黙示録』の私的映画性

　1979年公開の映画『地獄の黙示録』は，制作費約90億円，フィリピンでの撮
影に1年半，編集に2年と，膨大な資金と時間が注ぎ込まれた大作である．キャ
スティングから撮影まで様々な意匠が凝らされた本作であるが，わけても監督
を務めたコッポラの脚本は特筆に価する．『地獄の黙示録』の脚本が，19世紀
のアフリカを舞台に西洋植民地主義の暗部を描くジョゼフ・コンラッド（Joseph
Conrad）の『闇の奥』（*Heart Of Darkness*, 1902年）の翻案であったことはよく知ら
れる．貿易会社に勤めるマーロウが象牙収集家のクルツに会いにアフリカのコ
ンゴ川奥地の秘境に足を踏み入れるという原作は，カーツ大佐暗殺の密旨を受
けたウィラード大尉がインドシナ半島のナン川奥地に築かれた王国に侵入する
物語へと改変を遂げた．

　その際，T・S・エリオット（Thomas Stearns Eliot）の詩の一節が引用される
など文学的アリュージョンがちりばめられ，さらには，フレイザー（James
George Frazer）の『金枝篇』（*The Golden Bough*, 1890年）から〈王殺し〉のモチー
フが借用されるといった神話的要素の挿入も施されている．この〈王殺し〉の
モチーフを一層際立たせるのが，ジム・モリソンが歌うドアーズの挿入歌 The
End である．父親殺しと母子相姦を詠う過激な歌詞を持つこの楽曲は，ナパー
ム弾でジャングルを焼き払うオープニングと，ウィラードがカーツを殺すクラ
イマックスの，2つの重要なシーンで用いられた．

　文学的・神話的な脚色がこのように色濃い一方で，戦地での取材経験を有す
るマイケル・ハーが招聘され，彼が映画のナレーション部分を執筆するなど，
ヴェトナム戦争のリアリティーも追求された．

　村上のエッセイでは，まず，『地獄の黙示録』に浴びせられた「思想性の欠如」
と「ヴェトナム戦争に対する歴史的把握の欠如」というネガティヴな映画評が
紹介されている．これらを「百パーセント正しい」と首肯した村上は，ところ
が「思想性」や「歴史的把握」の欠如こそ新しく台頭したハリウッド世代が武

器とする「プライヴェート・フィルム」の「方法論」で，「優れた作品」を生むための要因であるという，逆説的な評価を下す．本作に向けられたネガティヴな評は，若い映画制作者たちが有する「リアティーの認識方法」を理解していない的外れなものでしかなく，評者と制作者との間には抜き差しがたい「ジェネレーション・ギャップ」が横たわっているのだと断じられる．

> 質は高いがレンジは狭い——従来のドラマツルギーに則ったドラマの広がりが希薄である——そのレンジの狭さの中にリアリティーがある——これが僕の定義する「プライヴェート・フィルム」の発想であり，コッポラを中心とする「UCLA ギャング」あるいは「ハリウッド第5世代」の中心をなす方法論であり，『地獄の黙示録』はその頂点に位置するのである．（中略）このようなハリウッドの新しい映画世代のなした最大の功績は一言で言ってしまえば映画というメディアを「自分たちの玩具」へと変えてしまったことだろう．芸術におけるジェネレーション・ギャップとは，要するにリアリティーの認識方法の違いである．若いハリウッド世代のその認識方法における最も顕著な特徴は思想性の排除である．あるいは思想性に対する徹底した不信感である．言い換えれば思想さえをもフィクションに変えてしまうしたたかさである．（「方法論としてのアナーキズム」）

ハリウッドの新しい映画世代は，思想の形骸化・フィクション化を逆手に取りつつ，「プライヴェート・フィルム」という新たな方法論を打ち出した．ヴェトナム戦争という「誇張された状況」が設定され，それを見定めようとする《private eye》たる登場人物（ここではウィラード）を移動させる．この私的な目が被る混乱と分裂の中に時代のリアリティーを表現するのである．レンジが狭いゆえにこそリアリティーが生じるという「プライヴェート・フィルム」の逆説は，前節で確認した1970年代のアメリカ文学の方法と同じ趣向として理解されている．

　さらに，村上によればこの映画の様式もまた，70年代アメリカ文学の方法的性格と相通じている．妻と離婚してまで戦場に戻り，軍からカーツ暗殺の命を受けたウィラードは，ナン川を遡行する．教養小説が混沌から秩序へと向かう道程とするならば，この時の川の遡行とは秩序から混沌へと向かう道程の象徴

であり，教養小説的道程の逆転にほかならない．

　軍司令部が具現する「秩序」からもカーツが具現するジャングル奥地の「カオス」からも等距離に位置するウィラードは「中間者」という役割を担わされている．彼は，川を遡って旅を進めるごとに，受動的な「オブザーバーでありながら，能動的な暗殺者でもある」という自己分裂に陥っていく．その自己分裂は，「主人公であると同時に観客」として振舞ったマイケル・ハーと同種のものである．これに対するカーツは，恐怖によって既に自己崩壊をきたしており，ジャングル深部で〈王〉として振る舞う自らを葬ってくれる者の到来を待ち望んでいた．そしてウィラードは，カーツが何者であるか分からないままに彼を殺すことになる．ウィラード側には，ヴェトナム戦争で被る自己分裂とモラルの混乱という主題が，そしてカーツ側には，恐怖と自己崩壊という主題が，各々振り分けられている．都市小説が据える架空化された都市の代わりに，ヴェトナム戦争という「誇張された状況」が設定され，ウィラードの自己分裂とカーツの自己崩壊が交錯する．これらの組み合わせによって「質は高いがレンジは狭い」映画が成立しているだと村上はいう．

　本節の最後に，村上のジム・モリソン評について触れておきたい．『地獄の黙示録』公開を機に，10代の若者を主たる担い手としたドアーズ人気が再燃する．俄かにブームとなったドアーズについて，村上は，1960年代後半にしか成しえない「完成された不完全さ」を備えた「真の素晴らしい」音楽の作り手と称揚する．「不完全性」が武器となるカウンターカルチャーの時代，文学や映画と同様に，音楽もまた「不完全性・記号性・非有効性」を方法論に採り入れた．それをよく体現したのがモリソンとドアーズだった．モリソンの生き様は，脱出口のない時代における「分裂気味なある意味平凡な1人の青年」の自己破壊のプロセスであり，ドアーズの音楽的道程は「極めて狭いソリッドなレンジの中で考えられる限りの努力を尽くし，自己解体を続け」て「自己存在意義の消滅」まで突き進んだ営為である．村上はそう理解した．

　『地獄の黙示録』の登場人物たちと同じく，自己分裂と自己破壊の道を歩んだモリソンとドアーズは，ヴェトナム戦争時のアメリカ文化を象徴する特権的存在として意味づけられている．こうした芸術観・文学観に基づいて村上文学が形成されていくことになるわけだが，次節では，そのことを示す当時の作品

として「午後の最後の芝生」をあげて考察したい.

3　ヴェトナム戦争小説としての「午後の最後の芝生」

「午後の最後の芝生⁹⁾」は，大学生だった14，5年前に，芝刈りのアルバイターとして一軒の家を訪問した出来事を，30代の小説家「僕」が回想する初期短編である.

雑誌初出では明記されなかったこの家の主(「死んだ亭主」)の素性について,『全作品』収録の際に「アメリカ人」という語が加筆される．この改稿を手掛かりに，小説に仕組まれた「アメリカの影」を指摘したのは髙橋龍夫である¹⁰⁾．髙橋は，多摩丘陵中腹に造設された郊外型高級住宅街の一角に建つこの古い家が，占領下の日本に上陸したアメリカ軍人と日本人女性(「女」)とが結婚して築いた家庭だと読み解く．そして半分アメリカ人の血を引くこの家の娘は，1968年前後に大学生となり，当時盛んだった反米・反戦運動に真摯に向き合う中で葛藤を抱えて失踪する．この小説は，村上が敬愛する小島信夫の『抱擁家族』といった占領下の日本を描く小説の系譜を継ぎつつ，70〜80年代に相次いで出版された学生運動を当事者として回顧する小説やエッセイとも踵を接する一作であると髙橋はこのように論じていた.

髙橋論をさらに敷衍して言えば，本作は,『地獄の黙示録』を下敷きとして，その舞台を日本に置き換えたヴェトナム戦争小説であると言える.

まず，FM ラジオや米軍極東放送網(FEN)を介してアメリカやヴェトナムの戦地と結びつく日本が設定される．冒頭ではドアーズ「ライト・マイ・ファイア」のヒット(1967年)が言及される．ラジオを通して流入してくるアメリカの音楽とともに，テクストにはおびただしいほどのアメリカ文化を象徴する物(「ハンバーガー・スタンド」「コカ・コーラ」「テニス・シューズ」等)の名がちりばめられている.

その中で，平凡な一家を襲う家庭崩壊の悲劇という「誇張された状況」が配される．夫に先立たれ娘が戻らないこの家の「女」は，幸福だったマイホームと心中するかのように，昼夜区別なく酒を飲み続ける．一直線に死に突き進む行為は，身体中をアルコールに浸食された溺死や，大きなクスの木の倒木に擬

えられる（「こうしている今にも，彼女が意識を失ってばったりと芝生の上に倒れて，そのまま死んでしまうのではないか」）．家には停滞した時間の比喩である淡く薄い闇が堆積する．「僕」はこの家の倒潰も幻視する（「じっと壁を眺めていると（…）今にも彼女の頭上に崩れかかってくるような気がした」）．

　「僕」の訪問は，この家の秘密である鍵がかかった奥の部屋を開けさせ，崩壊寸前の家と「女」にとどめを刺す行為に他ならない．家と「女」の社会的な死を見届ける「僕」とは，《private eye》たる役割を担う受動的な「オブザーバー」かつ「能動的な暗殺者」なのである．「僕」は，東京の世田谷から横浜の高級住宅地へ，さらには芝の手入れをする者を失った庭，荒れた家の中，最後に一番奥にある閉じられた娘の部屋へと，秘密を暴くように進む．「僕」が去った後，「女」が築いた〈王国〉たるマイホームは彼女と共に人知れず潰えるだろう．一方の「僕」も，「女」との対話によって，恋人との別れを引き金とした自己分裂（「まるで自分がなくなってしまったみたいだ」）を昂じさせていく．

　このように本作は，秩序たるこちら側と混沌に充ちた向こう側とを往還する異界訪問譚の形式を備える．この家を退く際，「僕」は「浅い川を裸足でさかのぼっていて，大きな鉄橋の下をくぐる」かのような感触を覚える．闇と急な温度変化と滑落しそうな足場とで，いつ足をとられて流されるかという不安が「僕」を襲う．淡い闇が横溢する死の領域への移動が，川の遡行の比喩で語られているのである．

　ヴェトナムとアメリカがラジオを媒介として日本と結びつけられ，その中に東京を中心とする架空化された都市が設定される．この中で，ヴェトナム戦争と学生運動とが，米兵の死と女子学生の失踪[11]として描かれる．さらに家庭崩壊を原因とする「女」の自己崩壊が「僕」の目を通して捉えられる．離婚して戦場に身を置くことになったウィラード同様，恋人と別れて無為の日々を送る「僕」も自己分裂をきたしている．自己分裂を抱える「僕」と，自己崩壊をきたす「女」との対話から成る「午後の最後の芝生」は，「思想性」や「歴史的把握」の欠如した『地獄の黙示録』を受容して形成されていたのである．村上文学は，カウンターカルチャー世代に特有の「リアリティーの認識方法」に基づいた「質は高いがレンジは狭い」という「プライヴェート・フィルム」の手法に依拠して出発したといえよう[12]．

お わ り に

　以上，村上文学に特徴的な方法とされる自己分裂に陥る人物設定と異界訪問
譚形式とが，映画『地獄の黙示録』受容を経て形成されたものであることを確
認してきた．

　物語の進展に伴って自己分裂に陥る中間者——偽善的な秩序たる司令部とカ
オスを具現するカーツ大佐，そのどちらからも等距離にたつ中間者としての
ウィラード大尉——は，その後の村上春樹が発表した様々な小説に登場する．
たとえば，初期短編「中国行きのスロウ・ボート」（1980年）の「僕」は，偽善
的な秩序たる日本の側と，日本にいる中国人たち側，その双方から等距離にい
る人物として設定されている．『羊をめぐる冒険』（1982年）から『ねじまき鳥
クロニクル』（1994〜95年）を経て『1Q84』（2009〜10年）に至るまで，村上文学
に広く認められる異界訪問譚という形式もまた，使命を帯びた「僕」が，秩序
たるこちら側からそれが通用しない混沌たる向こう側へと移動することで成立
している．本章で確認した『地獄の黙示録』受容の痕跡は，村上作品群の多く
から見いだすことができ，その射程は意外に長いといえるかもしれない．

　デビュー当時から現在に至るまで，村上の小説に対しては思想性と歴史的把
握の欠如を指摘するネガティヴな批評が常に浴びせられてきた．しかしながら，
1970年代における村上の『地獄の黙示録』受容を確認してみると，そうした評
価が「思想性の排除」をむしろ武器として出発した村上文学に対して，いかに
的外れであるかがわかる．『地獄の黙示録』が持つ私的映画性，すなわち専門
家が存在せず，主人公の見た偏見が世界のすべてであるという「レンジの狭さ」
は，早くから村上文学の核心に据えられていた．

　そのことは，この映画がヒットした1970年代のアメリカ社会を観察した村上
が，そこにいち早く，映画および音楽シーンの画期性を指摘し得たことに表れ
ていよう．そうした彼の感性は，UCLAの映画学科で学んだフランシス・コッ
ポラとジム・モリソンに同じく，1960年代という「政治の季節」のただなかを，
専門家のいない早稲田大学文学部映画演劇科という場でやりすごした経歴から
もたらされた．まさしく，彼らは「同時代」を生きていたのである．

注 ───

1 ）村上春樹の映画受容については明里千章『村上春樹の映画記号学』（若草書房，2008・
　　10）に詳しい．巻末には，神戸・三宮で上映された「村上春樹に観られたはずの映画たち」
　　一覧と，早稲田の演劇博物館に収蔵されている「村上春樹が読んだと思われるシナリオ
　　一覧」が付されており，村上文学について映画的見地から緻密かつ網羅的に論じている．

2 ）2018年11月 4 日の早稲田大学にて行われた「村上春樹氏所蔵資料の寄贈と文学に関す
　　る国際的研究センター構想についての記者発表」でのインタビュー．

3 ）村上春樹「論評と感想　問題はひとつ．コミュニケーションがないんだ！　── '68
　　ねんの映画群から」（『ワセダ』，1969年 4 月）．

4 ）村上春樹「太陽の眼」（『太陽』，1980年 7 月〜1981年 5 月）．

5 ）村上春樹，川本三郎『映画をめぐる冒険』（講談社，1985年12月）．

6 ）髙橋世織「村上春樹年譜（作品年譜を含む）」（『国文学』，1985年 3 月）

7 ）『海』1981年 7 月〜1982年 7 月．単行本収録なし．『同時代としてのアメリカ』全 6 回
　　のタイトルは以下のとおり．第 1 回「疲弊の中の恐怖──スティフン・キング」／第 2
　　回「誇張された状況論──ヴェトナム戦争をめぐる作品群」／第 3 回「方法論としての
　　アナーキズム──フランシス・コッポラと『地獄の黙示録』」／第 4 回「反現代である
　　ことの現代性──ジョン・アーヴィングの小説をめぐって」／第 5 回「都市小説の成立と
　　展開──チャンドラーとチャンドラー以降」／第 6 回「用意された犠牲者の伝説──ジ
　　ム・モリスン／ザ・ドアーズ」．

8 ）ブライアン『偉大なるデスリフ』の「訳者あとがき」（新潮社，1987年11月）におい
　　て村上は，『友軍の砲撃』より『偉大なるデスリフ』の好むと述べた．そして「この小
　　説が書かれたのは1970年だが，状況の質としては昨今の日本のノリに近い」，「デスリフ
　　の遭遇する都市幻想の崩壊，郊外生活者の悪夢には思い当たるところのある方も多い」
　　と，ブライアン作品を70年代文学の都市幻想とも結びつけて理解している．

9 ）初出『宝島』（1982年 9 月），のち第一短編集『中国行きのスロウ・ボート』（中央公
　　論社，1983年 5 月）．『村上春樹全作品1978〜1989短編集③』（講談社，1993年 4 月）収
　　録の際に加筆修正された．

10）髙橋龍夫「「午後の最後の芝生」論──日常の秩序に潜むアメリカの影──」（『村上
　　春樹研究叢書 4 　村上春樹における秩序』，台湾淡江大学出版中心，2017年 7 月）．

11）見ず知らずの男子大学生を部屋に通していることから，この家の娘は二度と部屋に帰っ
　　てくることはないことが示唆されている．

12）村上の『地獄の黙示録』受容について初めて論じたのは加藤典洋（「自閉と鎖国〜
　　1982年の風の歌」（『文藝』，1983年 2 月）である．加藤は『羊をめぐる冒険』にこの映
　　画からの多大なる影響を認めつつ，小説の歴史的把握の欠如を非難している．しかし本
　　章では，『同時代としてのアメリカ』を再検討し，映画受容が『羊をめぐる冒険』に先
　　行した短篇小説の形成に寄与しており，さらに歴史的把握の欠如こそが受容の理由であ
　　ることを強調した．

第 5 章　ふたつの名前を持つ映画について
──谷崎潤一郎「人面疽」論──

森岡卓司

は じ め に
──谷崎文学における地政学的意識──

「痴人の愛」(『大阪毎日新聞』1924年 3 月20日〜 6 月14日『女性』1924年11月〜1925年 7 月) が1929年にロシア (ソ連) において 翻訳出版される際, 作者谷崎潤一郎 (Tanizaki Junichiro 1886-1965) が訳本の読者に向けて自作を紹介したとされる文章がある[1]. そこで作者は, 19世紀ロシア文学の偉大さに比して自作を「取るに足らないもの」と謙遜してみせた後, 次のように述べている.

> ロシアの読者諸氏へのご参考までに, ただ次のことだけを申し上げておきたく存じます. 即ち, 私の小説において反映されたのは, この欧州大戦後の現代日本, とりわけアメリカの風俗習慣に染まった, 日本社会のある部分であります. (「著者より [ロシア語版『痴人の愛』]」)

　芸術作品や慣習, 風俗といった個別の事象に即して, 或いはその逆に, 個人的な経験から生まれたごく大まかな感想に過ぎない, という留保を付けつつ, 谷崎が近代日本文化の西洋化についての印象を披瀝することはしばしばあったが, この言及においては, そこからさらに踏み込み, 「現代日本」, 及びそれを舞台とする自作が, 国際的な情勢, その地政学的な付置からの圧倒的な影響を免れ得ないことを, 第一次世界大戦や「アメリカ」という固有名に言及しつつ率直に認めているように読める.

　作者による原文が不詳であることに加えて, このいささか後ろめたそうな注釈が, 当時の日本文壇においていわゆる「アメリカニズム」が盛んに問題化さ

れた時期に書かれたものであることにも留意が必要だが，しかし，「自分の享楽の場所が日本であること[2]」への拘束感が，谷崎の創作意識に根深く食い込んでいたことは疑えない[3]．

　それは，彼が同時代の他のどの作家よりも早く反応し，深く関わったとされる，映画という新たな享楽をめぐっても同様であったように思われる．谷崎には映画を主たるモチーフとした作品がいくつかあるが，その代表作のひとつとも言える「人面疽」（『新小説』第23年第3号，1918）については，作品の中に映画をめぐる谷崎の想像力，「映画哲学[4]」を見出し，それを同時代の日本における映画受容の環境と関連させながら論じることがくりかえされてきた．そのことで，本作に登場する「執念」という日本語題を持つ映画の末尾に置かれるとされる「大映し」のシーンについての解釈，評価は豊かに積み重ねられた．一方で，物語を構築する重要な要素としてある地政学的な配置については，指摘がなかったというわけでは決してないものの，やや後景化されてきたとは言える．

　その意味で，帰山教正らによって1917年に提唱された「純映画劇運動」へと帰結する，アメリカ映画による日本（人）表象への抵抗の機運を背景に踏まえつつ，「人面疽」において谷崎が「抑圧された日本の恐怖に満ちた回帰という主題を，あたかも執念であるかのようにここで取り上げてみせた」ことに改めて注意を促す四方田犬彦の指摘は重要である．「人面疽」というテクストが，内外の映画史と，抑圧と禁忌に関する近代思想史との双方の文脈において捉え返され，縦横無尽に論じ尽くされるその行論のなかで，「大映し」のシーンは，スクリーン上に露呈した表象の臨界点として定位される．

　　こうした性的な両義性は，人面疽においてもみごとに体現されている．この怪物もまた女性性器にかぎりなく類縁的な存在でありながらも，「長い舌を出して」「げら〳〵と笑つて居る」ことで，男性性器の要素をも兼ね備えている．端的にいうならば，それは性的な境界領域に出現した怪物だと見なすべきだろう．この両義性を根拠づけているのは，それが菖蒲の隠された分身であるとともに，乞食の青年の転生した姿でもあるという，起源の二重性である[5]．

　四方田によればそれは，「執念」における菖蒲自身の欲望，そして他の登場

人物たちが菖蒲に向けた欲望の破局を示すばかりではなく，そうした映画を見る観客たちを含めた「主体の視覚的な欲望を挫折させ，観る者の自己同一性を危機に陥らせてしまう」ものとしてある．その観客の視線には，日本（人）表象を奪還しようとするナショナルな欲望も，もちろん含まれている．

　この四方田の解釈の妥当性を大筋において認めつつ，しかし本章は，「抑圧された日本の恐怖に満ちた回帰」の具体相を，主体／他者表象という谷崎小説の主題的なテーマに即しつつテクストの中に辿り直そうと試みる．そのことで，先に触れた，この時期の谷崎が持った地政学的な意識の一端を示してみたい．「日本社会」の「アメリカ」化は，「人面疽」の中にも描かれていたと言えるだろうか．

1　「執念」における視線の交錯

　「人面疽」の作中作とも言える映画，「執念」という日本語タイトルを持つ作品は，夕暮れ時の明暗のコントラストを背景に，「たそがれの闇に紛れて」「よそながら華魁の顔を垣間見るのを楽しんで居る」乞食の男と，「青楼の三階」の「欄干」に身を晒して「ぼんやりと沖の帆を眺めて」いる菖蒲太夫との間の視線のすれ違いが印象深く描き出される場面をその発端とする．以降の菖蒲太夫の旅は，この2つの視線の交錯に導かれ，あるいは強いられるように進むことになる．

　男が自らの「貧しい境涯」「醜い器量」を見られることなく菖蒲太夫を一方的に見たい，と願うのに対して，「アメリカの商船の船員」の到来を待ちわびる菖蒲太夫の視線は，自らを再び見出し，アメリカへと連れ出すはずの船を求めてさまよう．このとき，「沖の帆」は，単なる「商船の船員」の視点ではなく，かくありたいと願望する姿において「欄干に靠れ」た自らの姿を認識する，いわば仮構された彼女自身の視点の喩となっている．だからこそ彼女は，「一と夜二た夜の情を売つても差支へはなさゝう」として自らを娼婦として扱う船員の視線も，「一と眼なりともお顔を拝ませて」という男の懇願も，等しく受け容れない．「櫺子格子の隙間から，乞食の様子を一と目見」て男を拒絶し，を，「何と云つても此の鞄の蓋を明けてくれるな」と頑なに言い募る彼女の姿には，

客体として見出されることに甘んじるのではなく，自らに差し向けられる視線（とそこに捉えられる自らの姿）を統御しようとする強い意志が読まれねばならない．

　渡米する船中のトランクの内部に「僅かな隙間からさし込」み，人面疽を焼き付ける「明り」が，ピンホールカメラ，あるいは映画の映写機が発する光になぞらえられることは従来から指摘されてきたが，そうした想定の前提となるべきものは，「執念」の物語世界のレベルにおいて，その「明り」が，発端の場面における視線の交錯を凝縮し，反復するものだ，という理解であろう．それは，菖蒲太夫が自らの晴れやかな将来の姿を見出す，仮構された視線の喩であると同時に，彼女を捉えて離すまいとする男の執念に満ちた視線の喩でもある．「気を失つて項垂れて居る彼女の頭」が「ちやうど例の膝頭の上に伏さ」るというかたちで，人面疽の視線と対象，すなわち眼を閉ざした菖蒲太夫の顔との距離がゼロとなるシーンは，こうした視線の抗争に勝利した男の宿願が遂げられる一瞬を象徴的に描き出している．

　その後の菖蒲太夫が，アメリカでの社会的地位を確保していく成り行きにも，自らの身体に集まる周囲の視線を利用しつつ膝の人面疽だけは隠匿する彼女の姿，人面疽から向けられる視線に怯える彼女がそれを「襪」によって塞ぎ続けようとする姿が描かれる．すなわち，視線の交錯をめぐる物語の構図，自らをまなざす視線を仮構，選択しようとする試みが，望まない他者の視線によって破られるという，自意識とその破綻のいわば典型的な物語は，「執念」の冒頭から結末までを一貫していることになる．

　　それでも彼女はまだ気が付かず跳ね廻つたが，平生から夫人が膝に繃帯す
　　るのを不思議がつて居た侯爵が，何げなく傍へ寄つて傷を検べて見ると，
　　——人面疽が自ら襪を歯で喰ひ破つて，長い舌を出して，目から鼻から血
　　を流しながら，げら〳〵と笑つて居る．（「人面疽」）

　ここに描かれるのは，視線に探り当てられようとする対象，客体であったはずのものから，逆に見返されることの恐怖だ，と言える．ニューヨークの上層社会に催された夜会に突如出現するこの悪意に満ちた「笑い」は，侯爵に向けて，美しい菖蒲太夫を妻に迎えるという自らの純粋な欲望の実現が，逆に彼を

利用して社会階層の上昇を実現しようという彼女の欲望に従うものであったことを，まざまざと見せつける．同時にそれは，菖蒲太夫に対して，人面疽を抑圧することで実現した西海岸から東海岸へという社会的地位上昇を伴う彼女の移動が，アメリカへの復讐という男の欲望を自ら生きるものであったことを思い知らせ，絶望の果ての自死に彼女を追い込む．

　ここで露呈するのは，主体の欲望の他者性であり，仮構された他者の視線を媒介とする自意識というその起源である．「主体の視覚的な欲望」の「挫折」，「観る者の自己同一性」の「危機」という四方田の指摘するドラマは[7]，映画「執念」に登場する人物によって確かに演じられていた，とここに言うことができる．

　しかし，そうしたドラマは，「執念」を入れ子的に含み持つ「人面疽」にあっては，どのような形で確認できるだろうか．それを問うには，自分の姿をスクリーンで見ることを習慣とするもうひとりの自意識家，歌川百合枝の描かれ方について検討する必要があるだろう．

2　歌川百合枝と「日本人俳優」の系譜

　日本の映画会社に所属したのち，百合枝が好んで見るのは，「アメリカ時代の映画」に限られていた．

> 　それに彼女は，アメリカに居た時分，自分の演じた写真劇を見物するのが何よりも好きで，たとひどんな短いフイルムでも，一つ残らず眼を通して居る筈だ．日本へ帰つてからも，ロス・アンジエルスの昔が恋ひしいのと，東京の会社で拵へる写真の出来栄えが思はしくないのとで，たま〳〵アメリカ時代の映画が，公園あたりへ現れる度に，暇を盗んでは見に行くやうにした．（「人面疽」）

　百合枝は，アメリカで撮影した「武士の娘」という映画が「内地人に多大の人気を博した」ことで，「日東活動写真会社」に招かれるが，帰国して撮影した作品の出来栄えは満足なものではない．その要因に当時の日米の映画製作能力の差異を想定することも必要ではあるものの[8]，先に見た「執念」を貫く視線のドラマの構造を踏まえるならば，アメリカの視線によって彼女の演技が媒介

されるかどうか，という点により多くの理由を求めるべきだろう．

　既に触れたように，アメリカの視線に捉えられる日本（人），というモチーフに関わる本作の背景には，「純映画劇運動」へと繋がる日本映画界の同時代的な動向がしばしば見出されてきた．たとえば野崎歓はレジナルド・バーカー「火の海」（*The Wrath of the Gods*, 1914）に反応した『キネマ・レコード』の記事を参照し，加えて四方田犬彦はセシル・B・デミル「チート」（*The Cheat*, 1915）の風評が日本国内に惹起した「国辱」スキャンダルに，より踏み込んで言及している．

　四方田の指摘する通り，「執念」は，金銭で購おうとする他者の欲望が刻印される女性の身体，という主題的なモチーフをはじめとして，多くの物語的要素を「チート」と共有しており，この映画を巡る国内言説の動向が「人面疽」に一定の影響を及ぼしていることを疑う余地はないと思われる．ここでは，『読売新聞』1916年3月13日朝刊に掲載された「排日を煽る活動写真　在米日本人会の大問題　日本の俳優が劇中の主人公」なる記事を参照したい．

　　桑港で排日の気勢を煽る活動写真が映写され其の俳優中に日本人俳優がゐて同地日本人会の大問題となつた．此の事は二三の新聞電報に依つて伝へられたが詳細の内容は知られてない．今桑港よりの某帰客談に依ると此の写真はローサンゼルスの一会社が脚色して撮影したもので日本人の俳優として川上貞奴の娘に当る鶴子の女婿が交つてゐるのだと云ふ．筋はある日本の富豪が米国に居住して一米婦人に懸想してゐたが其の米婦人は一瞥も与へなかつた．処がその婦人は白耳義の救済金を預かつてゐたが不図した事から其の金を費消し尽し困窮に陥つて前の日本の富豪へと借金を申込んだ．すると日本の富豪は自分の意に従へばと交換条件を持出したので米婦人も非常に困惑したものゝ他に助かる術もない処から心に無い事ながら其の要求を入れて金を借りた．処が借りて仕舞ふと其の約定を履行せぬので両人の間に紛擾と活劇を惹起し結局，焼鏝を其の米婦人の肌に焼附ける．之が遂に裁判となり日本の富豪は米国独特のリンチ（私刑）に会うて米人の胸を透したと云ふ仕組．元来米人の頭脳は頗る単純なので焼鏝の場面の如きは腕を拑して憤慨する者もある．写真の趣意は斯くの如く日本人は野

　　蛮なりと云ふ処を示したのだ日本の富豪に扮した俳優が即ち前記鶴子の女
　　婿なので日本人で有りながら排日を唆る脚本中の人物たるは怪からぬと日
　　本人会の激昂を買ふに至つたのである，此の問題について米人は職業神聖
　　を唱へ職業の為には是非なしと日本人には考へ得られぬ論法を以て対抗し
　　て居るとか

　「米婦人」による「富豪」銃撃と，夫に掛けられたその嫌疑を晴らすために
彼女が焼鏝の刻印を自ら晒す，という，「チート」のドラマを形成する中心的
な要素への言及を欠くことを見ても，「桑港よりの某帰客談」に基づくという
この「筋」の要約は，必ずしも的を射たものとは言えない．ただし，引き起こ
した騒動の広がりによって，当時の国内映画館にはついに上映されることがな
かったというこの映画に関する日本国内における理解は，この記事と大同小異
の不十分なものにとどまったであろう[11]．このような不足を踏まえてなお，当該
記事の全文を引用したのは，そうした「筋」の要約以外の部分に認められる，
映画俳優をめぐる言説の傾向について，「人面疽」との重なりを考えてみたい
からだ．
　　記事中に，早川雪洲が「川上貞奴の娘に当る鶴子の女婿」と呼ばれているこ
とに注意したい[12]．ここには，「国辱」俳優雪洲の紹介に，アメリカで活動する「日
本人俳優」の系譜という文脈を導入する意図が認められよう．
　　川上音二郎の2度の選挙出馬と落選による資金難に追われるかのごとく1899
年に渡米した彼の一座が，サンフランシスコで資金を横領され路頭に迷うも，
やがて演目「芸者と武士」が大当たりをとりニューヨークに進出，やがてロン
ドン，パリ万国博覧会で公演を行うに至る成り行きは，音二郎本人による複数
回の寄稿にもよって，ほぼタイムラグなく日本国内に広く報道された．しかし，
既によく知られるように，その内容は必ずしも称賛一辺倒ではなかった．川上
音二郎に関する国内紙記事を集成する白川宣力『川上音二郎・貞奴――新聞に
みる人物像』（有松堂，1985）によれば，「人若し新世界（同地発刊雑誌の名）の吹
聴の如く日本の名優など，思ひて見物に出掛くれバ其の失望大なるべしと雖も
感心なる壮士役者とのみ心得て見物せんにハ蓋し一夕を消するに足る」（『読売
新聞』 1899年7月5日）「川上夫婦も此位ゐ好評を得ば嫣ぞや鼻の高かるべきが

新聞紙も過半は買冠りしなるべし」(『中央新聞』 1900年3月28日) など，川上一座がアメリカに好評をもって迎え入れられ，日本演劇を代表するものとみなされることへの戸惑いと苛立ちとが，当時の紙面には滲んでいる．

そうした中，「同一座中最も好評なるは川上の妻やつこの手踊にて一座は殆どやつこ一人の為に景気を維持し居る有様なりと」(『中央新聞』 1900年2月1日) 報じられた貞奴の人気にも，侮蔑的な冷笑は投げつけられることになる．「尤も外国にて人気を博したるは川上の技芸よりは奴の躍なりと云へば女尊男卑の実際を見物し来りたる奴は高く止り岩谷親玉が世界煙草の看板の如く鼻高々となし居るらむ」(『報知新聞』 1901年1月9日) と，彼女の成功を固定的なジェンダー階層を乱す不埒なものと見る記事，あるいは，ニューヨークの雑誌インタビューに答えて「日本婦人社会の一大改良を加へる心算」を披瀝する彼女を，「昔し取つた杵柄さすがに動く口先なれど帰朝の上にて旨く実行ができるか何うだか此処一番見ものなるべし」(『二六新報』 1900年4月11日) と，芸者という来歴を持ち出して揶揄する記事などは，その最たるものと言えよう．無論，これらのミソジニーには，音二郎と同じくこれまで軽んじて許されたはずだった貞奴に向けて，アメリカから突然脚光が浴びせられたことへの嫉妬と怯えとが，固く結びついている．

こうして「川上貞奴の娘に当る鶴子の女婿」という一節が記事に導入する文脈の一端を瞥見してみるならば，「チート」が惹き起こした「国辱」スキャンダルにしても，映画の筋が「排日」的であったことはいわば騒動の単なるきっかけに過ぎず，「日本人俳優」がアメリカ社会に広く認知されるということそのものがもたらす動揺こそが，「国辱」スキャンダルという「大問題」の本質だったのだ，という事情が透かし見られてくるだろう[13]．それは，日本（人）をまなざす視線を日本（人）が統御し得ないことの動揺，とも換言できる．

「チート」とモチーフを共有することの他にも，「執念」の菖蒲太夫というキャラクターには，海外から見られ，演じられる「日本」に関わる同時代の文化，風俗的な記号が複数埋め込まれていた．先に見た発端の場面がプッチーニのオペラ「蝶々夫人」(*Madama Butterfly*, 1904初演) を思わせる「長崎」の「遊郭」[14]に設定されていることは，その典型的な一例であるが，しかし戦艦エイブラハム・リンカーンに乗って再来するピンカートンを港で待ち続けた「蝶々さん」

とは異なり，菖蒲太夫はアメリカへと果敢に密航し，「サン・フランシスコの場末の町」から「紐育」へと社会階層的な上昇を伴いながら移動していく．この姿に，同じく西海岸から東海岸，そしてヨーロッパへと移動しながら大きな名声を勝ち得た川上貞奴の面影を重ねてみることも，あるいは可能かも知れない．その場合，人面疽の視線が代行しているのは，菖蒲太夫がアメリカの上流社会に迎えられることを許さない，国内のミソジニーだ，ということになるだろう．そして，「執念」だけではなく，「人面疽」にもこうした動揺は確かに描きこまれていた．

　金森真彩美は，「執念」に登場した青年（人面疽）だけではなく，「執念」の焼き込みを実現させた背景に，「惚れた」男から「恨みを買」った経験がないかと百合枝に問うた挙げ句，このフィルムが彼女にとってのスキャンダルとして複製，拡散される，という不穏な予言を行う事務員Ｈ氏の中にも，アメリカでも認められる芸術的に優れた女優，という立場から百合枝が「堕落」することへの欲望を読み取っている．この鋭い指摘によって改めて想起すべきなのは，あれほど「自分の演じた写真劇を見物する」ことに執着していた百合枝が，結局「執念」の上映を自身の目では見ることができていない，という物語内の事実であろう．「自分を贔屓してくれる二三の客筋」，そしてＨ氏ら，多くの声が彼女を包み込み，百合枝と，アメリカのカメラに捉えられた自身の姿との間に介入し続けたまま，「人面疽」の物語は閉じられるのである．

3　映画のふたつの名前

　では，結局のところ，「人面疽」に示されるのは，ふたつの自意識の間の争い，すなわち，ジェンダーバイアスのかかった日本（人）のナショナルな自意識が，菖蒲太夫，そして百合枝の自意識を屈服させるに至る物語，ということになるのだろうか．

　映画「執念」の最終カットを，Ｈ氏は百合枝に向けて次のように説明する．

　　第五巻の大詰，菖蒲太夫の侯爵夫人が発狂して自殺するとき，次に現れる
　　場面を，じっと静かに注意を凝らして視詰めて居ると，大概の者は恐怖の

余り，一時気を失つたやうになるのです．その場面はあなたの右の脚の半
分を，膝から爪の先まで大映しにしたもので，例の膝頭に噴き出て居る腫
物が，最も深刻な表情を見せて，さも〳〵妄念を晴らしたやうに，唇を歪
めながら一種独特な，泣くやうな笑ひ方をする．──<u>その笑ひ声が，突如
として極めて微かに，しかしながら極めてたしかに，疑ふべくもなく聞え
て来る</u>．M技師の考では，其れは外部に余計な雑音があつたり，注意が
少しでも散つて居たりすると，聞えないくらゐの声であるから，聞き取る
には可なり耳を澄まして居る必要がある．事に依ると其の笑ひ声は，写真
が公衆の前で映写される場合にも，聞えて居るのかも知れないが，恐らく
誰にも気が付かずに済んでしまふのだらう．(「人面疽」，下線部引用者)

　「腫物」の表情は，「最も深刻な表情」「妄念を晴らした」「唇を歪め」「泣く
やうな笑ひ方」と，相矛盾するような形容の羅列によって，およそひとつの意
味には収束し得ないものとしてある．

　ただし，そうした意味の不確定性を露呈する表情の不気味さだけが，失神を
伴う恐怖を観客に与えるのではない．先に引用した部分の前にH氏は，「大映
しの人間の顔が，にや〳〵笑つたりする光景」を最たる例として挙げながら，
音声と恐怖との関係について論じていた．彼が後に発狂したM技師から聞き
伝えるところによれば，「一体，活動写真の映画と云ふものは」「音楽や弁士の
説明を聞きながら，賑やかな観覧席で見物してこそ，陽気な，浮き立つやうな
感じもする」が，夜更けに，たつた一人で，カタリとも音のしない，暗い室内
に映して見て居ると」，「妖怪じみた，妙に薄気味の悪い心持になる」．そして
その「薄気味の悪い心持」とは，スクリーン上に映る光景が「死物のやうに思
はれず，却つて見物して居る自分の方が，何だか消えてなくなりさうな心地が
する」という，視線を挟んだ主客の逆転の感覚であると説明される．

　「人面疽」を論じる際に必ずと言っていいほど参照され続けてきた一節を，
重複をあえて厭わずに引用するのは，この主客の逆転が，音声によってもたら
されていることを確認しておきたいからだ．サイレント時代にあっては当然の
ことではあるが，「音楽や弁士の説明」「賑やかな観覧席」はいずれも，スクリー
ンではなく，あくまで「見物して居る」側の，対象を客体として意味づけ，消

費する音声としてある．

　このことを踏まえるなら，引用下線部，「執念」の最終カットに聞こえる「笑ひ声」には，2つの宛先を想定できよう．

　H氏（そしてM技師）の語るように，その「笑ひ声」の主が人面疽だとするならば，「執念」という映画の内部においてそれが果たす役割とは，物語世界に戦わされる視線のドラマに最終的な決着をつけることだ，と言える．すなわち，自らを欺き，抑圧しようとした菖蒲太夫，そして彼女を「侯爵の若夫人」として遇しようとしていた結婚式に集った人々に，彼女の身体の真の所有者が自分であることを誇示するものとして，その「声」はある．

　しかし，そうした物語世界のレベルを超え，不気味な人面疽の姿を見せつけられる観客たちへも，この「笑ひ声」は届いている．

　このフィルムが，「支那や南洋の植民地辺で散々使はれ」ていた，という来歴は，単にその制作過程のいかがわしさを示すという以上に，むしろ，この映画が当時の植民地支配状況を背景にした地政学的な欲望に貫かれたものだ，ということを明らかにしている．このフィルムを「上海」で入手し「長らく家庭の道楽に使つて」来た，という「横浜の或るフランス人」が，「日本人だか南洋の土人だか分からないくらいゐな，色の真黒な，眼のぎろりとしった，でぶ〳〵した円顔の，全く腫物のやうな顔つきをした」人面疽の姿から引き出していたはずの快楽がどのようなものであったかを考えるならば，その「植民地」と日本（人）とが地続きであることは断るまでもない．

　そして，そのコロニアルな欲望に挑発され，煽り立てられるように，東京の場末や日暮里の日東映画事務所で，ナショナルな嫌悪と欲望とが日本人俳優に差し向けられていたのであれば，この映画が，英語タイトル「人間の顔を持つた腫物」と日本語タイトル「執念」とのふたつを持っていることの意味も，ここに明らかだろう．英語を通してこの映画を見ることと，日本語を通してそれを見ることとは，互いに異なる体験であることが，そこには示されている．

　人面疽を，タイトル通りの「人間の顔を持つた腫物」として他者化し，見世物的な客体として消費していた「フランス人」は，自宅の一室でこの映画を繰り返し見たはずだが，しかし彼が「気が変にな」ったり「ふらふら病」に取り憑かれたりしたかどうかは判然としない．一方で，ナショナルな「執念」を表

象するものとして人面疽を目の当たりにする日本（人）は，不気味な自己分裂の感覚にとらわれている．そこに響く「笑ひ声」によって開示されるのは，スクリーンの映像が観客主体の消費的な視線を拒否するばかりか，むしろその映像こそが，逆に彼らの欲望＝主体を形作り，消費しているのかも知れない，という可能性の次元であろう．

　そして，この欲望は，それが自意識的な構造を持つ限り，原理的に他者の視線の媒介から逃れることはできない．アメリカに渡る以前の百合枝の姿，「蝶々さん」さながらにアメリカの船員の視線に見出される自らの姿を夢見る以前の本来の菖蒲太夫の姿が，このテクストのどこにも見当たらないように，他者の視線を否定的な媒介として生じる欲望の増殖，繁茂を押しとどめる，真正かつ起源的な自己の像，かつて存在したはずの「日本社会」の姿が回帰することは，最早あり得まい．

おわりに

　「人面疽」に即す限り，谷崎の言う「アメリカの風俗習慣に染ま」る「日本社会」とは，アメリカの文化を真似び，そこに限りなく近接したいという欲望を抱くことではなく，肯定的にも否定的にもアメリカを媒介とした欲望＝主体を自ら形作る，という不可逆な変化を指している．〈日本回帰〉と呼ばれる後年の文芸思潮の中で，彼が試みていたのも，こうしたデッドロックから主体がどのように離脱できるか，という試行的な実践であり，それはまた，作家としての初発以降，一貫して彼が保持していたマゾヒズムという物語の機構との間に，必然的な関連を持っていた．[16]

　「人面疽」においては，ふたつの名前を持つ出自不明の映画が備える，美や恐怖といった魅力が言葉を尽くして語られる．しかしその一方で，そうした映画体験に没入し切ること拒絶し，映画を見るという体験そのものを捉え返そうとするメタレベルの意識も，この小説の基調に存在する．この，物語内作品を入れ子的に含むテクストの構造にとって必然的な二重化された意識，いわば批評的な意識は，映画を扱う谷崎の作品にしばしば強調される．彼にとって，映画は官能的な快楽の対象であると同等か，あるいはそれ以上に，知的な批評の

対象としてある．谷崎に「映画哲学」があるとするならば，それは，映画の中の哲学，ではなく，映画という体験についての哲学の謂に他なるまい．

[付記]

　「人面疽」の引用は決定版『谷崎潤一郎全集』第5巻（中央公論新社，2016年）による．なお，引用に際し，明らかな誤植の修正などの改変を施した部分がある．

注

1）谷崎による原文未詳，本論における参照及び引用は中央公論新社版『谷崎潤一郎全集』11（2015）収録の国松夏紀による訳．
2）武田泰淳「谷崎潤一郎論」（杉森久英編『近代作家』進路社，1948年）．
3）拙稿「谷崎潤一郎の描く辻潤」（五味渕典嗣・日高佳紀編『谷崎潤一郎読本』翰林書房，2016年）においては，1945年までの谷崎のモダニズムへの欲望が，地政学的な意識に導かれて推移していく様相をたどっている．
4）野崎歓「映画的言語の実験 「人面疽」」『谷崎潤一郎と異国の言語』（人文書院，2003年）．
5）四方田犬彦「谷崎潤一郎——映画と機器表象」（『新潮』第110巻第6号，2013年）．
6）石崎等「「秘密」の銀河系——江戸川乱歩と谷崎潤一郎・宇野浩二」（『解釈と鑑賞別冊 江戸川乱歩と大衆の20世紀』至文堂，2004年）が，江戸川乱歩「人間椅子」（1925）との近接性において，「人面疽」における窃視の欲望の所在に触れている．
7）前掲注5．
8）「日本の活動写真」（『社会及国家』第85号，1921年）「映画雑感」（『新小説』第26年第3号，1921年）など，この時期の谷崎はその能力差に幾度か言及しているが，しかしそれは「人面疽」の中には明示的に語られることがない）．
9）前掲注4．
10）前掲注5．
11）ただし，四方田（前掲注5）は，試写などの機会によって谷崎が「チート」を実際に見た可能性に言及している．
12）当時の日本社会における「女優」に対する関心の高さ，あるいは先行する「火の海」において確立されていた（正しくは川上の姪にあたる）青木鶴子の知名度などを勘案する必要はあるとはいえ，同作品にはトーマス栗原とともに雪州も準主演級の役柄で登場していた．同時代の新聞記事を参看するならば，雪州より大きな扱いを鶴子に与える例はこれ以外にも存在し，例えば『読売新聞』1918年7月21日朝刊掲載の「米国の活動俳優として素晴らしい人気の青木鶴子さん」と題された記事には，雪州の写真をあくまで鶴子の「夫君」として紹介するキャプションが添えられている．その一方で，『朝日新聞』

1920年4月17日朝刊掲載の鶴子の来日を報じる記事に「早川雪州の妻君帰朝」との見出しが付けられるなどの例もある．総じて，当時の報道における二人の扱いの軽重に，いわゆる常識的なラインが存在したとは思われず，記事の内容や意図に即して扱いが変えられていたと想定することが妥当である．

13）同種の「日本人俳優」に関わる「国辱」を語る言説は他にも当時の新聞紙上にある．たとえば，『朝日新聞』1910年2月23日掲載の「伯林電報　日本の名優　▽マダム，ハナコの振袖踊　▽是でも日本帝国の芝居か」と題された記事は，「英国倫敦を中心にして北欧羅巴に旅役者的生活を送つてゐる」マダムハナコについて，「ハナコ始め他の女は振袖を着て花簪を挿いて花簪を挿いて御殿女中に成つたりお姫様に成つたりして日本人が見ると冷汗を流すやうな妙な踊をやつてゐたが日本の女の踊といふので見物はヤンヤ〳〵と喝采をするといふ始末，全く日本演劇の為めには不名誉な話である責ては吉右衛門か宗十郎かの踊を見せてやりたいと思ふ程であつた」という「新帰朝者」の談話を紹介している．

14）新保邦寛「「人面疽」論──〈活動写真的な小説〉から文明批評小説へ」（『稿本近代文学』19，1994年）等に既に指摘がある．

15）金森真彩美「谷崎潤一郎『人面疽』論──映画受容における〈芸術〉と〈通俗〉を巡って」（『学芸国語国文学』41，2009年）．

16）この点については，拙稿「芸と故郷──谷崎潤一郎「芸談」の位相」（文学思想懇話会編『近代の夢と知性　文学・思想の昭和一〇年前後（1925〜1945）』翰林書房，2000年）に論じている．

第6章 「アメリカ」を書き直す
―― 川端康成の1930年前後をめぐって ――

仁平政人

はじめに

「ともかく，このアメリカニズム奴！ 文芸ばかりでなく，社会万般へ滔々と押寄せるらしい」――これは川端康成の随筆「のんきな空想」(『文芸時代』第2巻第2号，1925年) の一節である．川端が文壇に登場した1920年代中盤から30年頃にかけては，「アメリカニズム」が多様な含意を帯びつつ，社会的・文化的に大きなトピックとなった時代であった．そうした状況の中，川端も「アメリカ」や「アメリカニズム」という問題に対し，両義的な態度を持ちつつ深い関心を示し続けていたとみられる．だが，川端と広義のモダニズム的な文脈，とりわけ「新興芸術派」との関係が長く等閑視されてきたことと相まって，この問題についてこれまで十分な追求がなされてきたとは言いがたい．

研究史において，例外的に川端の「アメリカ」・「アメリカニズム」にまつわる言説を詳細に分析した論考として挙げられるのは，竹内清己「モダニズムにおけるアメリカ――川端康成による評言と構想を通して――」(『昭和文学研究』第22号，1991年) である[1]．だが，「昭和のモダニズムにおけるアメリカ」を問うという巨視的な問題意識のもとで，主に文芸時評に焦点を合わせるこの論考にあっては，川端の随筆および小説における「アメリカ」へのまなざしはほとんど検討の対象とされていない．そしてそのことは，結果として川端の「アメリカ」言説がもつ多面性や，その変化を見過ごすことにつながっているように思われる．

以上を踏まえて，本章では特に1930年前後の川端の活動に焦点を合わせて，

同時代的な状況を視野に入れながら，その「アメリカ」や「アメリカニズム」に関する発言と創作との関係について検討することを課題とする．

1　1930年前後の川端康成と「アメリカニズム」言説

　川端の「アメリカ」や「アメリカニズム」に関わる発言は，先に挙げたように大正末期（1920年代中盤）からみられる[2)]．だが，川端が特に「アメリカニズム」に関わる言説との直接的な対峙を迫られたのは，1929〜30年頃であったと言うことができる．簡単にまとめれば[3)]，この時期は，ハリウッド映画やジャズ，スポーツ，自動車，デパートなどに象徴される「モダン相」的な生活様式・消費文化が東京・大阪などの大都市において成立するとともに，そうした状況を「アメリカ化」・「アメリカニズム」というキーワードで捉えようとする言説が数多く生み出されている．このような言説状況は，川端が「ジヤアナリズムの側からより多く意識的に醸成された」「流行」[4)]と捉えていたように，「「モダン生活」「モダン相」を「疑似イベント」化しつつ，大きく取り上げ」る[5)]各種メディアの動きと結びついた現象として，多くの文学者をもその内に巻き込んでいく．個々を検討する紙幅はないが，川端もまた1929年後半から30年にかけて，新たな風俗現象や都市の様相，または「モダン」であることの心得などについて，時にアイロニーを交えつつ多くの文章（随筆やスケッチ）を発表している[6)]．
　こうした1930年前後の状況について，川端が正面から問題化した最初の文章として挙げられるのは，龍胆寺雄の文学を論じた1929年7月の「文芸時評」（注4参照）である．次の一節を見てみよう．

　　勝本清一郎氏の意見によれば，「香水の壜ばかり並べられたやうな」，これらの生活のフアニチユアの飾窓的な陳列は，「アメリカ系文学の一特色」ださうである．「アメリカ風」と「ロシア風」——この二つは，最近文壇の流行題目である．この流行は作家の側よりも，ジヤアナリズムの側からより多く意識的に醸成された．アメリカ風とは即ち生活の形式のアメリカニゼイシヨン．極端に云ふならば，アメリカナイズした生活の形式を描けない作家は，ジヤアナリスチツクに忘れられ，また読者を失ひつつある．

　　従つて，いかに多くの作家が怠慢にまた鈍感に，ガリ服の哀れな姿で——
　　ちやうどそれは十年前のオペラ女優を引きずり出した今日の場末の映画館
　　のやうに——アメリカニゼイシヨンの疾風の後を追ひつつあることか．
　　　ロシア風の，社会主義的の文学のために，舞踏は今や兵式体操となつた．
　　<u>アメリカ風文学のために，龍胆寺氏は一匹の少女を生んだ．アメリカニゼ
　　イシヨンの「前を走つてゐる」作者である彼は</u>（下線部は引用者．以下同じ）．

　川端はこの評論で，「諸君，私はアメリカの百貨店から派遣された広目屋で
はない」と断りつつ，龍胆寺の小説から「国際化して行く都市風俗」を表すよ
うな事物を拾い出して列挙し，勝本清一郎の議論も踏まえてそこに「アメリカ
系文学」の性格，「生活形式のアメリカニゼイシヨン」の表現を捉える．そし
て龍胆寺を「アメリカニゼイシヨン」の文学の先頭を行く存在として一定に評
価する一方で，多くの作家がジャーナリズムの要請によって「怠慢にまた鈍感
に」アメリカ風の生活を描くことに追われている状況——先に触れたように，
川端自身もその外部にいたわけでは決してない——を批判している．
　この時評の3ヶ月後には，状況に対するより鮮明な立場表明が行われている．
「文芸張雑」（『近代生活』第1巻第7号，1929年）において，川端は堀辰雄らによる
雑誌『文学』創刊の刺激を受けながら，文学上の「ロシアニズム」＝「プロレ
タリア文学」とともに，「アメリカニズム」＝「モダン風の文学」を「文学の
新しい風を防」ぐ「文学上の右翼」として切り捨てている．[7] その上で，今日あ
るものとは異なる「新しい」「アメリカニズム」の文学が生まれることへの期
待を示しつつも，現状として「「詩と詩論」によるフランス精神」を評価する
立場を示している．竹内清己氏はこの発言と，その後に川端が伊藤整の「新心
理主義文学」の評価に向かったということを重視して，川端が「アメリカニズ
ム」的・都市モダニズム的なものを「多く身に纏いながら，同時にそれを突き
抜け」，「それを見限って行った」と論じている．[8] この見解は，そうした川端の
活動が「新興芸術派を（半ばそのアメリカニズムゆえに）疎外し」，「新心理主義文学」
などを「純粋の芸術派」として措定するような文学史の形成を導く働きをした[9]
という指摘ともあわせて，示唆に富むことは確かである．
　だが，文芸時評以外の文章に目を向けるならば，当時の川端の発言にはこう

した理解に収まらない部分がみられるように思われる．まずは次の一文に目を
向けよう．

　　…なぜなら，アメリカ風とヨオロッパ風と——そんなことは，この手紙
　を見るまでは，夢にも考へてゐなかつたのだ．従つて，アメリカ風でなく
　ヨオロッパ風だといはれれば，呆然として黙る外はないのである．<u>アメリ
　カニズムといふ言葉が流行であり，いろんな傾向をその言葉で呼ぶことが
　流行であるから，私は不用意にその言葉を使つたにすぎない</u>[10]．

　ここで川端は，先に挙げた文芸時評に対して，龍胆寺から自分の文学は「ア
メリカニズム」ではなく，「日本風に将来消化するべき，ユウロピアニズム」
を「暗示」したものだと抗議を受けたことを明かすとともに，自身が「アメリ
カニズム」という言葉を「流行」として受け入れ，深く考えることなく用いて
いたことへの反省を述べている．もっとも，この発言の後に，川端が龍胆寺に
対する見方や評価を改めたようには必ずしもみられない[11]．むしろ興味深いのは，
これがきっかけであるかは措くとしても，この頃から川端が，「流行語」とは
別の形で「アメリカ化」・「アメリカニズム」を捉え直そうとしていったとみら
れることである．

　1929年後半から，川端に大正期に通っていた浅草の街に数年ぶりに足を向け
るようになり，多くの文章で浅草を取り上げているが，注目されるべきはその
語り方である．例えば随筆「浅草」（『読売新聞』，1930年1月18，20日）では，銀座
が「アメリカニズム」を体現する流行の街としてある状況を踏まえながら，「浅
草はいはゆるアメリカニズムを，銀座のやうな形式では決して受け入れない」
と，浅草に銀座とは別の「形式」の「アメリカニズム」の受容が見出されてい
る．この銀座と浅草の差異は，次の文章で具体的に示される．

　　…ただしかし浅草は，どんな新しいものを受け入れる場合にも，浅草風に
　——つまり，浅草型に変形してしまふ．例えば，<u>「モダン」なあらゆる流
　行も勿論浅草にすさまじい勢で流れ込みつつあるが，ここでは銀座のやう
　にアメリカ直訳風ではなく，大胆な和洋混合酒となる</u>．
　　ここにもう一つ——明けても暮れても激しい時代の流れ，歓楽の渦巻き

の浅草でありながら，<u>浅草はその流れの底に，ほの暗い淀みを，また霞の</u>
<u>やうな悲しみを，青白い光のやうな怪奇を感じさせる</u>．これは浅草が大衆
の歓楽場であると共に，邪道の職業者，失業者，不良少年少女，犯罪者
──もう一つ下つて，世を捨てた浮浪人や，乞食にとつても，二つとない
楽園だからであらう．¹²⁾

　右の一文では，銀座と浅草との差異が「アメリカ直訳風」と「大胆な和洋混
合酒」という，いわば文化翻訳の２つのモードとして対比的に語られている．
そしてそれに加えて，浅草がはらみこむ「流れの底に，ほの暗い淀み」が，そ
の固有の魅力を示すものとして取り上げられる．同様の視点は，随筆「浅草は
東京の大阪」（『大阪毎日新聞』，1930年２月25日）では興味深い形で展開されている．

　　<u>銀座から浅草へ──僕達は眼を向けつつある</u>．銀座は東京の神経であり，
　　唇であるかもしれないが，浅草は東京の筋肉であり，胃腸である．<u>アメリ</u>
　　<u>カ輸入のジヤズ，レヴユウ，エロチシズム，ナンセンス──それらのもの</u>
　　<u>で消化不良を起こしながらも，とにかく浅草はけだもののやうに大胆な食</u>
　　<u>欲を失はない</u>．
　　銀座にはどこか京都の匂ひがある．大阪の面影は，勿論より多く浅草に
　　ある．しかし，<u>大阪のどこにも，浅草のやうな凄みはない．暗い底の渦巻</u>
　　<u>がない．不思議な人々の群がゐない</u>．

　『浅草紅団』の新聞連載中に発表されたこの文章では，「銀座から浅草へ──
僕達は目を向けつつある」という宣言のもとで，「アメリカ輸入」の諸事象を「け
だもののやうに大胆」に飲み込む浅草のあり方が，銀座以上に注目されるべき
ものとして価値づけられている．この文章で浅草は大阪と類比されているが，
ここには，大宅壮一が同じ媒体で先に提示していた，「大阪は日本のアメリカ
だ」¹³⁾という視点が踏まえられていると見ることができるだろう．その上で，川
端は「暗い底の渦巻」「不思議な人々の群」を，大阪にはない浅草の特徴とし
て強調する．
　こうした浅草に対する視点は，小説『浅草紅団』（1929〜30年）にも明確に共
有されている．次の一節を見てみたい．

「浅草は万人の浅草である．浅草には，あらゆるものが生のままはふりだ
されてゐる．人間のいろんな欲望が，裸のまま踊つてゐる．あらゆる階級，
人種をごつた混ぜにした大きな流れ．明けても暮れても果しのない，底の
知れない流れである．浅草は生きてゐる．——大衆は刻々と歩む．その大
衆の浅草は一切のものの古い型を溶かしては，新しい型に変える鋳物場
だ．」

そして，水族館も，この「鋳物場」で，最も「新しい型」に今打ち変へ
られつつあるのだ．

　　　　（中略）

「和洋ジヤズ合奏レヴユウ」といふ乱調子な見世物が，一九二九年型の浅
草だとすると，東京にただ一つ舶来「モダアン」のレヴユウ専門に旗挙げ
したカジノ・フオウリイは，地下鉄食堂の尖塔と共に，一九三〇年型の浅
草かもしれない．

エロチシズムと，ナンセンスと，スピイドと，時事漫画風なユウモアと，
ジヤズ・ソングと，女の足と——．

　この一節では，浅草を「あらゆる階級，人種をごつたまぜにした」「底の知
れない流れ」，「一切のものの古い型を溶かしては，新しい型に変へる鋳物場」
という添田亞蟬坊の言葉が引かれ，それに即して，水族館という打ち捨てられ
ていた場が「モダアン」な流行の場に作り変えられていく状況が，浅草という
「鋳物場」の働きとして語られている．ここに見られるように，川端は，〈外国
＝未来〉という超越的審級に支えられた銀座のモダンさ（アメリカニズム）に対
して，「モダン」なものも含めた「一切のもの」を溶かし，「新たに」作りかえ
てしまうような浅草のあり方に価値を見いだしていたと言うことができる．な
お，「あらゆる階級，人種をごつたまぜにした」「鋳物場」という浅草の表象が，
（添田が意識していたかは定かではないものの）アメリカの典型的なイメージ——「る
つぼ（メルティングポット）」としてのアメリカ——と，明確に重なり合うことも
注意されていいだろう．

　こうした浅草の性格は，『浅草紅団』に認められる，流動的に変化しつつあ
る人・物事を多様に取り上げる物語内容や，「物語の流れから読者を逸脱させ」

る「はぐらかし」に満ちた語りなどとも対応していると見られるが，同作についての踏み込んだ検討は本章の課題を超える．本章においてむしろ目を向けたいのは，『浅草紅団』の発表とちょうど並行する時期に，川端が「アメリカ」を直接的にテーマに据えた，いささか奇妙な小説を発表していたということである．次節では，川端が1930年7月に『中央公論』に発表した短編小説「風鈴キングのアメリカ話」について，検討を試みることとしたい．

2　「風鈴キングのアメリカ話」の方法

「風鈴キングのアメリカ話」は，単行本への収録がなされておらず，同時代における反響も乏しいということもあってか，これまでほとんど研究の対象とされることなく閑却されてきた小説である．だが，「アメリカニズム」の時代たる1930年にあって，日系アメリカ移民の経験に，またアメリカにおける「日本文化」の受容の問題に光を当てているという点で，同作は極めて興味深い性格を持っているように思われる．

まずは小説の冒頭部に目を向けよう．

　　風鈴をアメリカではウインドオ・ベルといふ．つまり日本人は風に鳴る鈴と思ふんだが，アメリカ人は窓に鳴る鈴と考へるのだらうか．
　　あのガラスの風鈴だ．ガラスは元来毛唐のものだし，安絵具の色ガラスなんていかにも輸出向きの東洋趣味だ．しかし風鈴の，さうだ，夏しか聞くことを好まないほどにも，さやかに，そしてさびしい音は，まことに日本の音だ．この音は今でも，アメリカの窓々でささやかに鳴つてゐるはずだ．ちやうど日本の都会の窓の小さい鉢の植物のやうにね．この音をアメリカに広めた――僕がその一人なんだ．
　　一貧書生だつた僕が赤手空腕，一夏に二千ドルばかり儲けた話なんだが――待つてくれ給へ．古里へ錦を飾るとは美しい言葉だが，いつたい日本人は法螺を吹きに帰るところとして，古里を愛するんぢやないかしら．この風鈴成金の話もまた例によつて，海外立志美談かと思はれると，僕は顔が赤くなるよ．

　先づ朗らかに笑つてくれないと，僕は話せない．

　この冒頭では，「風鈴」すなわち「風に鳴る鈴」が，アメリカ人にとっては「ウ
インドオ・ベル」＝「窓に鳴る鈴」になるという一種の比較文化論的なトピッ
クが示されている[22]．その上で，語り手は自身がアメリカに風鈴を広めた一人で
あると明かし，その「風鈴成金」となった経験を語ろうとする．このように本
作は，明治末期の「渡米熱」の時代[23]——作中では，それが同時に「アメリカ人
の日本熱が満開」の時代だったともされる——に渡米した者の成功譚という枠
組みを有している．また，右の一節で「アメリカの窓々でささやかに鳴ってい
る」風鈴と，窓辺に小さな鉢植えが置かれる日本の都市の生活とが類比されて
いることも示唆するように，ここには，日本のアメリカニズム（生活の「モダン」
化）と対置される形で，アメリカにおける日本の文化の流通（その意味でのジャ
ポニズム）という問題が提示されているとみられよう．
　だが，この小説は，単純に語り手の過去の経験や，「風鈴」がアメリカで広がっ
た経緯について語る方向には向かわない．冒頭部で，語り手は自身の物語が聞
き手に「海外雄飛」の成功談と捉えられることを回避するために，「故郷に錦
を飾つた」ものの例として「日本柔道」のエピソードをまず引き合いに出す．
そして以降，語りは「さういへば」などの連想を含意する言葉や，「〜だつて
さうだ」という類比を表す表現を多く含むスタイルのもと，横滑り的に多様な
エピソードの連関を形づくり，さまざまな情報や文献の引用を作中に呼び込ん
でいく．その展開を簡単に辿ると，語り手は，柔道のアメリカでの誕生を「山
下義昭八段がルウズヴエルト大統領に教へ」たという「名誉」ある事柄に置く
一般的な理解に対して，それ以前からニューヨークのトルコ風呂で「柔道の宣
伝」[24]をしていた「トルコ風呂の柔道家」のエピソードを「よつぽど，大統領と
柔道よりもほんたうらしい」とし，また，「維新の花形役者」のように「花や
かな顔ぶれ」の遣米使節に対して，ニューヨークで彼らの行列を前に土下座し
た「薩摩」という芸名の軽業師たち[25]の方を「アメリカを発見した日本人」と
位置づける．あるいは，村垣範正の渡米日記やタウンゼント・ハリスと大名と
の対話など[26]，日米の公的な交渉に関わる文書・記録を読み解き，そこに潜まれ
た「皮肉」の存在を捉えてみせる．ここに示されるのは，「表向き」＝公式の

語りにおいて排除されるいかがわしい「元祖」（＝起源）の存在に光を当て，アメリカの歴史教科書の西洋中心主義的な「筆法」を横領して日本人による「アメリカの発見」を語り，あるいは，記録・日記の精読を通して潜在する文脈を見出すなど，総じて日米の交通に関わる歴史／物語を批評的かつアイロニカルに読み直そうとする語り手のあり方だと言えよう．そしてこうした語りのもと，彼自身の体験談は先送りされ続け，「「風鈴キング」の出発」にようやくたどり着いたところで，小説は不意に終わりを迎える[27]．この意味で，表題の「アメリカ話」とは，自身の体験談を語ることである以上に，アメリカと日本との交通にまつわる物語を語り直すという営みを指すと見ることができよう．

　こうした本作の特性を検討する上で，典拠の問題に目を向けてみたい．本作は多くの挿話や文献の引用から織りなされているが，現時点では全ての出典を明らかにすることはできていない．ただし，語り手たる「風鈴キング」の物語については，明らかな典拠の存在を確認できる．その手がかりは，実は作中に示されている．語り手は「在留日本青年の美文集」として，「明治四五年」に「サンフランシスコの日の出商会から出た本」から２つの文章を引用している．この本と対応するとみられるのが，1912（明治45）年にサンフランシスコの日本商会から刊行された，渡辺久克編『母国へ（在米日本人叢書 第一巻）』である．この本は，序文によると「故国青年諸君にデジケートせんが為に，汎く北米合衆国在留日本人の文章を募集し其中より撰抜して一冊」としたもので，文学的な「美文」にとどまらず，論説・随想など幅広い内容を持つ計31篇を収めている（目次は後掲）．

　同書のうち，小説「風鈴キングのアメリカ話」の中で「在留日本青年の悲しみを歌つたやうな一節」として明示的に引用されているのは，陵陽生「青年賦」と春舟郎「残冬余韻」の二編である．だが，それ以外にも，本作には同書から複数の文章が取り入れられていることが確認できる[28]．中でも，「風鈴キング」の物語の典拠と見られるのが，同書の「雑録」の部に収められた川島天涯の文章「風鈴屋奮闘録」である．

　この文章は，「ヒラデルヒア地方での風鈴製造の元祖」と自称する筆者が，貧書生の立場から「一夏に二千余弗を儲け」，「風鈴のキングを気取る身」となったという自身の成功体験を語るという趣旨のものである．（なお，サンフランシス

コの邦字新聞『新世界』に，1899年３月に同名の川島天涯という人物が「短編　色むすめ」
という小説を掲載している[29]．）

　内容的には，文章中で語られる筆者の経験と，川端の小説の語り手「風鈴キン
グ」の過去は大筋で重なり合う．すなわち，1905〜6年頃，ペンシルバニア
の大学に在学していた筆者／語り手は学資窮乏のため退学を余儀なくされ，日[30]
本人の多いフィラデルフィアに移る．だが，「家内労働者」となることはよし
とせず，当初は英文を書いて新聞社に売り込もうとするも失敗．その後，ネク
タイの販売を試みてやはり失敗するが，その際に日本雑貨店から風鈴の製作を
頼まれたことによって，風鈴屋になる道が開かれる——と．なお，川島の文章
の後半は風鈴製造で成功に至るまでの紆余曲折に充てられているが，川端の小
説では，先述したようにその経緯は触れられることがない[31]．

　だが，語りのあり方に目を向けるならば，2つのテクストは対極的とも言う
べき性格を有していると考えられる．次に挙げるのは川島の文章の冒頭である．

　　是れは赤裸々の貧書生たりし吾輩が空拳奮闘，一夏に弐千余弗を儲け得
　　た実験談である．諸子は既に知つて居らゝ、であらうが，現今米国に在る
　　日本品の中に硝子製の風鈴といふのがある．俗にウヰンドーベルと言つて
　　夏になると今でも盛に売れる物であるが，あれは元来日本で生れたもので
　　なくつて此亜米利加で生れ，而も我輩が其生立に大関係ある事は誰も知る
　　まい．吾輩はヒラデルヒア地方での風鈴製造の元祖で，今を距る事殆んど
　　六年，創めて之れを作つて大に其売弘めの土台を作つたのである．是れも
　　始めは生活上苦しまぎれの真似事をしたのであるが，夫れが妙な調子でヒ
　　ヨット当つて，一時は中々盛大にやり，昨は学校飛び出しの文なし書生で
　　あつた僕が今は一躍して小さい乍らも一工場の頭となつて，太平洋沿
　　岸の至る所に得意を持ち，大に活動した其実談である．其間には短日月な
　　がら血あり，涙あり，凍寒あり，飢渇あり，惨憺たる苦戦力闘の経路があ
　　るので，而も其中に一点の僥倖と云ふ事が無かつた事を諸子に知らせ度い
　　のである．扨如何にして僕が風鈴屋になつたか其動機から追々と話そふ．

　ここに見られるように，川島は自身のアメリカでの成功について，「血あり，
涙あり，凍寒あり，飢渇あり，惨憺たる苦戦力闘の経路」があつたことと，そ

れが「一切の僥倖」抜きで（すなわち自らの努力により）成り立ったことを強調している．文章の末尾で「新聞に物を書いて案外にも多少成功したにも拘はらず，（中略）矢張り辛気臭い手仕事に齧り付て居て却つて成功した」ということが教訓的に記されることも含めて，ここには，海外雄飛を目指す青年に向けた「成功」の言説という性格が明確に認められよう．そして，川島の文章はこうした枠組みから一切脱線することがなく，アメリカのあり方や時代状況などに関する意見なども挟まれることがない．以上を踏まえれば，自らの話が定番の「海外立志美談」と受け取られることを拒み，「朗らかに笑つて」受け止めることを聞き手に求め，また話題の横滑りにより本筋からの脱線を繰り返す「風鈴キングのアメリカ話」の語りは，川島の文章のあり方をちょうど反転させたような性格を有していると見られよう．そしてそれは，日米の交通にまつわる通念的な物語を批評的に読み／書き直していく，本作のベクトルの起点ともなっているように思われる．

　さて，「風鈴キングのアメリカ話」は，内容の面でも一点，典拠と決定的な違いを持っている．風鈴売りの前にネクタイ販売を試みたきっかけとして，典拠では「所在なさに」「いたずら半分，自分の白のネクタイに水彩画で薔薇を書いて見た」（傍点原文）ところ，その出来映えが好評を得たということが挙げられている．それに対して，川端の小説では，落書き好きの「支那の少女」との関係の物語が導入されている（この少女と対応する人物は，典拠には存在しない）．

　「やつぱりこの花，支那服の模様で見たの？」
　「さう．」
　「お母さんは何をしてる．」
　「洗濯屋なの．」
　「紅梅だね．梅は支那や日本の花だよ．日本の暖い海辺には，今頃もう咲いてゐるよ．」
　「何かないの？あたい絵具を持つてんだもの．」と，寝台にかかつてゐた白いネクタイを見つけると，いきなり水彩の薔薇を描くぢやないか．僕はあつけに取られた．あんまり楽しさうなので，僕はしばらく黙つてゐた．

　この少女はイタリア人との「あいの子」らしいとされ，「チヤイニイズ」と

いう言葉を冷やかしとしか解せないというように，自身の出自を肯定的に捉えてはいない（彼女が「お母さんの国の誇り」という言葉を理解できないことは象徴的だ）．また，彼女が落書きに描く中国的な題材は，母の勤める洗濯屋に預けられた品である支那服の模様でみたものとされる．この少女の絵の書かれたネクタイが，「五十年も前のヨオロツパの流行だと，頭から笑はれ」るという展開は，18世紀中旬のシノワズリの流行からジャポニズムへという移行を示唆するものとも見られよう[32]．が，重要なのは，アイデンティティや伝統的な文脈から離れ，資本主義的な取引（クリーニング）の過程のなかで生み出された少女の絵こそが，「「風鈴キング」の出発」を導いていくということである．現在の語り手が自身の「ガラスの風鈴」の文化的な混交性と，そのいかがわしさを強調し続けることは，こうした文脈から理解することができよう．

　以上とあわせて注目できるのは，語り手自身が，過去（1905年当時）と語りの時点とで，明らかな変化を示しているということだ．過去の「僕」は，「満州の勝いくさの報せに酔ひ」，アメリカの新聞が「日露戦争をはやし立てる」状況に「躍り上」った日本人青年の1人として「日本人」であることを誇り，また大学を辞めた後には「浮草にも奴隷にもならない」という覚悟を示している．こうした過去の姿とは対照的に，現在の語り手は，自身を「悲しむことの好きな日本人」とは異質な存在だとことさらに強調し，自らのアイロニーに満ちた語りを，（「下卑たヤンキイ」ともされる）アメリカの新聞社長と重ねる．また，自らの職業たる風鈴製作を「浮草」的・「ジプシイ」的なものとし，さらには日系移民や日米の交流を価値づけようとする言説を相対化し続ける．作中で「「風鈴キング」の出発」以降の物語が語られない以上，語り手の変化が何によるかを確定することはできない．ただ，少なくともここには，アメリカでの経験を通して，語り手の認識や感性が作り変えられていることが明確に認められよう．その意味で，本作は語りのあり方そのものを通して，「アメリカ」という場を物語っているとも見られるのである．

おわりに

　以上確認してきたことをあらためて整理しよう．川端の小説「風鈴キングの

アメリカ話」で示されていたのは，「浮草のやうに流れゆく」「ジプシイ」のような存在として日系移民を位置づけ，そうした移民の立場からアメリカと日本の交通の物語を読み／書き直そうとする語りであり，また，資本主義の社会の中で混血的・混交的なものとして生み出される文化のありようである．そして興味深いのは，このような諸要素が，川端が「浅草」に見出そうとしたものとも，ある類似性を示しているということだ．すなわち，川端が浅草に関して強調したのは，失業者や浮浪者，不良少女などを受け入れる「底知れぬ流れ」であり，また外部の文化をどん欲に受け入れつつ，それを文化混交（「混合酒」）的に作り変えるような性格に他ならない．川端が浅草について，銀座的な「アメリカニズム」とは異なるかたちでの「アメリカ」との関連づけを試みていたことは先述した通りであるが，ここでは，浅草へのまなざしをいわばスライドさせるようにして，「アメリカ」を捉え直すことが試みられていたのだとみることができるだろう．「風鈴キングのアメリカ話」の中に，同時代の日本で「アメリカニズム」的とされるような事物がほぼ登場しないこと——これは典拠と比しても，明確に同作の特性と言える——は，このことと対応していると考えられる[33]．

　付言すれば，量的に短く，非完結的な形式を持つ「風鈴キングのアメリカ話」が，もとよりアメリカの十全な表象を目指すテクストでないことは明らかである．ただ，本章で注目したいのは，1930年前後の川端の試みが，一面において，同時代の流行現象としての「アメリカニズム」と対峙しつつ，別の「アメリカ」の語り方を生み出し，それを方法的に活用するような営為としてあったということである．それは，既存の「アメリカニズムの文学」とは別の新しい文学表現の可能性に向けられた，川端のまなざしとも対応しているだろう．詳細は別稿に譲りたいが，このことは，銀座への言及も含めて「モダン」な都市生活にかかわる要素を大量に取り入れつつ，意識の流れのスタイルにおいて，それを錯綜した文脈の内に溶かし込んでいく「水晶幻想」（1931年）の試みにも，形を変えて連続しているとみられる．他方，「アメリカ話」に示される文化の混交性へのまなざしは，川端が初発期から戦後に到るまで「東洋」ないし「日本」をモダニズム的な文脈との関わりを通して語り続けていたということ[34]の意味を，再考する手がかりともなりえよう．川端における「アメリカ」という問題

は，以上の意味で，川端文学の広範な問い直しに繋がる射程を有するものとして再定位されねばならない．

[付記]

　　川端康成の文章の引用は37巻本『川端康成全集』（新潮社，1980～84年）による．引用にあたり，一部旧字体を新字体に改め，ルビを省略する等の改変を施した．

　　本章は，日本比較文学会第20回比較文学研究会（2019年 7 月20日）における口頭発表「「アメリカ」を書き直す――川端康成の一九三〇年前後・再考――」に基づき，加筆・修正したものである．場内外で貴重な御教示を下さった方々に感謝を申し上げたい．

[参考資料]

渡辺久克編『母国へ（在米日本人叢書 第 1 巻)』目次

＊傍線は「風鈴キングのアメリカ話」で引用・参照されているもの

（一）　論説

海外より見たる将来の日本　　　陵陽生

日米の将来　　佐藤巌英

米国に於ける日本雑貨の将来　　　川島天涯

故国官民と米国―誰か善く米国を知れる　　　二宮屏巌

現代の一大矛盾と殖民問題　　　陵陽生

帰雁晩鴉　　　須山五民

権力の伴はざる民族の発展は無意義無効なり　　　　八野逸人

加州同胞社会小観　　　樋口礀一

遺伝的奮闘力　　　八野逸人

海外寄語

（二）　雑録

我が祖国　　　山中曲江

幕間に　　　世外庵

風鈴屋奮闘録　　　　川島天涯

米国市場に於ける日本品の近況　　丹波恒夫

泣く子に乳は与へぬがよい　　須山五民

口に唱へずして心に一等国を自覚せよ　　須山五民

母国へ　　山田狂月

学に志す青年に　　末木亘

北米漫言　　孑孑子

(三)　宗教

仏，耶，儒三教を論じて我立脚地に及ぶ　　斉木花春

肉体即人格論　　斉木花春

(四)　想苑

<u>青年賦</u>　　<u>陵陽生</u>

巌頭録　　没羽箭

膨脹的国民の恋愛　　陵陽生

<u>残冬余韻</u>　　<u>春舟郎</u>

土曜閑筆　　山中曲江

英雄崇拝　　陵陽生

焔　　陵陽生

胡歌誰喜聞　　南鈴子

印象断片　　宮下雪汀

<u>休の一日</u>　　<u>南鈴子</u>

注 ―――――――――――――――――――――――――――――――――

1）関連するテーマの研究として，野中潤「一九二〇年代のモダニズム瞥見――『文藝時代』のなかの〈アメリカ〉――」（『横光利一研究』第6号，2008年3月）もある．ただし，この論考は川端を中心としたものではなく，本章とは検討対象とする時期も観点も異なっている．

2）例えば随筆「のんきな空想」（前掲）では，「映画」と「ラジオ」，また文学の大衆化の動きや産児制限など多様な事柄が「アメリカニズム」と位置づけられるとともに，特に科学による現実認識の変容が，文学者にとっての重要な問題とされている．

3）以下の整理は，佐藤毅「モダニズムとアメリカ化――一九二〇年代を中心として――」（南博編『日本モダニズムの研究　思想・生活・文化』ブレーン出版，1982年），吉見俊

哉「アメリカナイゼーションと文化の政治学」（『岩波講座現代社会学 1　現代社会の社会学』岩波書店，1997年）などを参照.

4）　川端康成「文芸時評」（『文藝春秋』第 7 年第 7 号，1929年）.

5）　前掲佐藤毅「モダニズムとアメリカ化──一九二〇年代を中心として──」.

6）　「ステッキ娘繁昌記」（『新潮』第26年第 7 号，1929年），「都会の手帳」（同前），「桜木町―東京駅」（『近代生活』第 1 巻第 5 号，1929年），「新東京散景」（『文学時代』第 1 巻第 6 号，1929年），「不心得な心得」（『文学時代』第 2 巻第 3 号，1930年）など.

7）　「ロシアニズム」と「アメリカニズム」を流行現象として並置する視点は，新居格「アメリカニズムとルシアニズムの交流」（『中央公論』第44年第 6 号，1929年）などの議論を踏まえたものとみられる.

8）　前掲竹内清己「モダニズムにおけるアメリカ──川端康成による評言と構想を通して──」.

9）　同上.

10）　川端康成「文芸張雑」（『帝国大学新聞』第213号，1929年）.

11）　例えば「小説界の一年」（『新文芸日記　昭和五年版』，新潮社，1929年）で，川端は龍胆寺を「新しい装飾的な生活の様式を，花々しく描き出した」「エロチシズムとナンセンスの明るさ──いはゆるモダニティを，多分に含んだ作家」と評している.

12）　川端康成「浅草」（『日本地理大系』第 3 巻，改造社，1930年）.

13）　大宅壮一「大阪は日本の米国だ」（『大阪毎日新聞』，1929年12月，引用は『大宅壮一全集』第 2 巻（蒼洋社，1981年）による）.

14）　添田亞蝉坊「浅草底流記」（『改造』第10巻第 6 号，1928年）.

15）　吉見俊哉『都市のドラマトゥルギー　東京・盛り場の社会史』（弘文堂，1987年）.

16）　アメリカを「メルティングポット（るつぼ）」とするメタファーは，イズリアル・ザングウィルの戯曲『メルティングポット』（1908年初演）によって普及したものであり，日本においても，管見の範囲では1920年代からアメリカを「坩堝」と表現する文献はみられる（大杉謹一『公民科概論』三共出版社，1925年）.

17）　前田愛「劇場としての浅草」（『都市空間のなかの文学』，筑摩書房，1982年）.前田氏はこうした語りが「変身のモチーフを引きたてる仕掛け」であることを指摘している.

18）　ただし，川端自身は戦後に16巻本『川端康成全集』への収録を考えて修正を試みていたとされるように（「解題」，『川端康成全集』第21巻，新潮社，1980年），同作は必ずしも作者により否定された小説ではなかったと考えられる.

19）　正宗白鳥は文芸時評で「多少の雑録的興味のある短篇である.明治初年に渡米した日本人の真相の一端がうかゞはれる」と簡単に触れている（「文芸時評」，『中央公論』，1930年，引用は『文芸時評大系 昭和篇Ⅰ 第 4 巻』（ゆまに書房，2007年）による）.また，力代河丸俊は「これ位つまらなく思つた作品を未だかつて見たことがない」，「味も塩つけもない作品」と否定している（「初夏の創作其の他（下）」，『やまと新聞』，1930年 7 月 2 日，同前）.

20）唯一まとまった検討を行ったものとして，中沢一「風鈴キングのアメリカ話」（羽鳥徹哉・原善編『川端康成全作品研究事典』勉誠出版，1998年）がある．中沢氏は「このような海外の史実を羅列的に語る作品は極めて特異」とした上で，「社会の底辺を浮草のように生きる人々へ向けた作者のまなざし」を捉え，また「まずは史実と虚構の分別作業が必要」と指摘している．

21）日比嘉高氏は「一九二〇年代から三〇年代の日本の社会におけるアメリカニズム」が「日系移民あるいは在米の日本人という要素を加えたかたちで考察されることはあまりない」（「北米日系移民とその「象徴的意味」」，日比嘉高編『コレクション モダン都市文化 第九二巻　北米の移民』ゆまに書房，2013年）と指摘するが，その意味でも川端の試みの特異性は認められよう．

22）ちなみに風鈴は英語でも一般に「wind bell」もしくは「wind chime」であり，「ウインドーベル」＝「窓に鳴る鈴」とする語り手の理解は独特なものである．この理解（ないし誤解）は，後述する本作の典拠の記述と対応していると見られる．

23）この点については立川健治「明治後半期の渡米熱――アメリカの流行――」（『史林』第69巻第３号，1986年），日比嘉高「移民の想像力――渡米言説と文学テクストのビジョン――」（『ジャパニーズ・アメリカ 移民文学・出版文化・収容所』新曜社，2014年）などを参照．

24）ここで話題とされる「佐竹といふ講道館四段」とは，前田光世と並び早くから海外で活動していたことで知られる佐竹信四郎のことと考えられるが，「トルコ風呂」に関するエピソードの出典は未詳．

25）この軽業師に関するエピソードは，藤賀與一編著『日米関係 在米国日本人発展史要』（米国聖書協会日本人部，1927年）中に記される，「常時紐育に於て興行中の日本人軽業師の一行数名，通称サツマ『長崎より英人興行師に買はれ転転して紐育に到りし者等』第五街に於て大使一行を迎へ土下座して拝し白人見物人に奇異の感を起さしめたり」（引用は『日系移民資料集第１期　北米編第１巻〈北米移民史〉①』日本図書センター，1991年）という記述と細部まで一致している．なお，三原文『日本人登場　西洋劇場で演じられた江戸の見世物』（松柏社，2008年）は，江戸末期から複数の軽業一座が海外で活動しており，慶応２～３年（1866〜67年）にはすでに６つの一座がアメリカで興行を行っていることを指摘している．三原氏によれば，「サツマ」は「早竹虎吉一座」が明治２年の海外再渡航時に名称をあらためたものという．

26）村垣範正の渡米日記は「風鈴キングのアメリカ話」発表以前にも数度にわたり刊行されているが，川端が参照したのは，句読点の打ち方から見て『万延元年第一遣米使節日記』（日米協会，1918年）と推測される．

27）こうした様式は，川端の浅草にまつわる最初の小説である「林金花の憂鬱」（『文藝春秋』第１年第１号，1923年）と重なり合う．同作が『浅草紅団』に取り入れられていることを踏まえても，この重なりは偶然のものとは考え難い．

28）日本の「美術品」の当初の売れ方や価格については，川島天崖が同書に寄せた論説「米

国に於ける日本雑貨の将来」が踏まえられている．また，南鈴子の随筆「休みの一日」から，「夢見ること」を生活の手段とする「老日本人」のエピソードが作中に取り入れられているほか，日本の自然主義文学への南の感想（「何が何だかわからない」）が，「日本の自然主義文学が（中略）アメリカの日本人にはあんまり喜ばれなかつたんぢやないかしら」という一文に反映されているとみられる．

29）日比嘉高『ジャパニーズ・アメリカ 移民文学・出版文化・収容所』（前掲）所収の「『新世界』掲載小説，講談，落語リスト」参照．

30）「風鈴キングのアメリカ話」で，語り手は自身の経験を，日露戦争中の1905年の正月から語り出している．一方，「風鈴屋奮闘録」では，「今を去る事六年前の冬」とされるだけで，具体的な年は示されていない．が，『母国へ』が1912年4月の刊行で，募集した文章からの選抜からなるという同書の性格上，執筆時の「六年前」とは1905〜6年と推測できる（なお，筆者が「旅順港戦死者亡霊出現談」を英文で書いて新聞に採用されたという本文中のエピソードからも，1904年以前とは考え難い）．

31）ただし，「十人内外の白人工女をも雇ひ入れてドンドンと（風鈴を―引用者注）製出し」たという川島の記述が，「僕の風鈴庫で，女工のアメリカ娘に接吻しようとしたこともあつた」という短いエピソードとして形を変えて取り入れられている．

32）少女がネクタイに描いた絵の意匠については，作中では具体的に示されていない．だが，彼女の絵の多くが「支那服」の柄をモデルとしたものであり，その落書きが「支那人の深い呪ひのしるし」とも疑われるというように，中国的なものとして扱われていることは確認できる．

33）「風鈴屋奮闘録」の中では，筆者がネクタイの販売で「米国第二のデパートメントストーア，ワナメーカー」に行き，「店内に人がギッシリ！　何千何万といふ顧客が，ザワザワゾロゾロと人波を打つてゐるので何が何だか薩張り分らない」と戸惑った経験が語られるが，こうした要素は「風鈴キングのアメリカ話」には一切取り入れられていない．

34）詳細は拙著『川端康成の方法――二〇世紀モダニズムと「日本」言説の構成――』（東北大学出版会，2011年）を参照．

第Ⅱ部

アメリカ言説の諸相

第7章　親愛なるアメリカの不在
──ロシア語亡命詩人ブロツキーの詩学・世界図──

中村唯史

はじめに

　近代に入ってからも抑圧的な体制が続いたロシア（ソ連）は，19世紀から20世紀にかけて，多くの亡命者を生んだ．移住先は欧米諸国が大半だったが，彼らが新天地を高く評価したり，愛着を抱いたりしていたかと言うと，事態はしばしばその逆だったように思われる．

　たとえば，19世紀前半に反体制活動のために流刑された後，西欧に出国しながらも『北極星』『鐘』などの雑誌を刊行し，ロシアに持ち込んで国内の知識人に多大な影響を与えたアレクサンドル・ゲルツェン（Александр Герцен, 1812-70）は，概説的なロシア思想史では，社会の発展や価値の普遍性を認め，ヨーロッパをその最先端と見なした「西欧派」に分類されることの多い人物だが，実際には，ロシアを出国した（そして二度と戻らなかった）1847年当初から，「ヨーロッパ人は過去の影響下にあって，それから逃れられないでいる．［……］われわれはこの終わりから始めようとしているのである[1]」など，西欧文明が蓄積された過去に束縛され，袋小路に陥っているとの認識を示している．彼はまた新興の西欧ブルジョアジーの価値観，趣味，生活様式に対しても，これを「俗物性／商人根性」と呼んで，嫌悪を隠さなかった[2]．

　欧米に対するロシア人亡命者の違和感や嫌悪は，20世紀に入ってソ連から逃れてきた者たちのあいだでも，しばしば見られた現象だった．たとえば『イワン・デニーソヴィチの1日』（1962）ほかでソヴィエト体制を批判し，70年にノーベル文学賞を贈られたが授賞式への出席を許されず，ついに74年には国外追放

された作家アレクサンドル・ソルジェニーツィン（Александр Солженицын, 1918-2008）は，自分を反体制作家として英雄視していた西側社会と隔絶して生きることを選んだ．米国ヴァーモント州に購入した「彼にロシアを彷彿とさせた」[3)]土地にこもって執筆に没頭し，まれに受けるインタビューや講演では，ソ連体制の否定とともに（あるいはそれ以上に），欧米の社会と価値観への批判をくり返したのである．なかでも，ハーバード大学の卒業生を前にして，「あなた方の社会を我々の改造の理想として推奨することは，私にはできそうにありません．今世紀の苦難の果てにわが国［ロシア］で豊かな発達を遂げた精神には，魂がすり減った今日の西側のシステムは全然魅力的でない」と述べた1978年7月8日の講演は有名だ．「個人の権利を過剰に擁護した西欧は，神と社会に対する人間の責任という意識を曇らせてしまい，［……］かつて人間の無責任な激情に限度を課していた全なるもの，高次なるものを見失っています」[4)]とも語ったソルジェニーツィンは，彼にとって「物質的文明」の代名詞である米国で約20年間孤塁を守った後，社会主義体制崩壊後の1994年，名称を「ソ連」から「ロシア」に復した祖国に凱旋している．

　こうしたなかで，1972年に国外追放されたレニングラード（現サンクト・ペテルブルグ）出身の詩人ヨシフ・ブロツキー（Иосиф Бродский／ Joseph Brodsky, 1940-96）は，移住の地に最も順応したロシア人亡命者のひとりだろう．72年6月にソ連を出国した彼は，その秋からミシガン大学で教鞭をとり，詩集も早々に刊行されるなど，米国の環境に順調になじんだ．ニューヨークの知識人サークルにも受け入れられ，思想家のスーザン・ソンタグ（Susan Sontag, 1933-2004）らとも交友している．[5)]故国ソ連では持てなかった発表の場を米国で得た彼は，旺盛な執筆活動を展開し，87年にはノーベル文学賞を受賞している．

　ブロツキーの成功に預かって大きかったのは，15歳で学校教育を放擲した後，独学で英国形而上学詩の系譜を学んだ彼が，世代は違うが米国で成功したもう1人の亡命ロシア人文学者ウラジーミル・ナボコフ（Владимир Набоков／ Vladimir Nabokov, 1899-1977）と同じように，すでに移住前から高度な英語能力を有していたことだろう．小説の創作言語をロシア語から英語に切り替えたナボコフと違って，ブロツキーの詩作の主要言語は最後までロシア語だったが，これは主としてジャンルの違いによる．ブロツキーは亡命後，多くのエッセイを英語で

書き，インタビューや講演では相手や状況に応じて 2 言語を使い分けた.

　ブロツキーはインタビューで米国への親近感を何度も表明しているが，その理由はしばしばこの国が「個人主義の理念の具現」であることに求められた.

　　　［米国について］個人的に気に入っているのは，私がこの地で自分自身，そして自分がなし得ることと差し向かいのままにしておいてもらえるということです.この点で私は現在の状況，そしてアメリカという国そのものに対して，どれほど感謝してもしきれないのです.アメリカの自己責任の精神,個々人の自主性という原則に,私はいつも惹かれてきました.［……］
　　　私の世代――私が20歳の頃に［ソ連で］親しかった人々――は，みな個人主義者でした.エゴイストというのではなく,個人主義者だったのです.私たちの理想は，個人主義の精神のゆえに，アメリカ合衆国でした.私たちのうちの何人かは，やがてこの地に住むことになりましたが，まるで故郷にやって来たような感覚がありました.

　だがその一方でブロツキーは，長詩『ケープ・ゴットの子守歌』(1975) など少数の例外を除き，米国という場が大きな役割を果たす作品をほとんど書いていない.これは彼が，たとえばエッセイ『改名された街の案内』(1979) ほかで故郷レニングラードを,連詩『ローマ悲歌』(1981) やエッセイ『ウォーターマーク』(1992) 等でイタリアの諸都市を主題化したことと対照的である.概してトポスを重視し，さまざまな国や街を主題としたブロツキーが，談話では親愛の情を示していたアメリカを，詩やエッセイでほとんど取り上げなかったのはなぜなのだろう.

1　ブロツキーの詩学
――「空間」から「時間」へ――

　ブロツキーは,「詩人」という語から日本人の多くが思い浮かべる，個人の感懐を流露するというかたちの叙情詩の書き手ではなかった.思想詩の系譜を持つロシア詩に育まれ，英国の形而上学詩に傾倒した彼は，生涯，詩によって自分の世界認識を語り，その世界図を詩のかたちにし続けたのである.詩と世界が渾然一体となったかのようなブロツキーの創造における「親愛なるアメリ

カの不在」は，彼の詩学の問題である．

　ブロツキーの詩学は，「空間に対する時間の優越」と「引き算」とを柱とし
ているが，彼が「空間」「時間」という語を用いるとき，それはカントがその
批判哲学で用いたような意味でではなかった．詩人は1985年のエッセイで「私
にとって空間は時間よりも小さく，あまり親しみを持てないものだ．それは空
間が小さいからではなく，空間が事物であるからだ．これに対して時間は事物
についての概念である．事物と概念のどちらを選ぶかと問われれば，自分には
いつも後者の方が好ましいのだと私は答える」と述べている．この考えは，亡
命から数年後の詩『ケープ・コッドの子守唄』でも示されている（「時間は空間
より大きい．空間は事物．／だが時間は本質的に事物についての思惟．／生とは時間の変奏」）．
「時間」は彼にとって「空間についての思惟」にほかならず，まさにそのこと
によって「空間」に優越し，超越するものだった．

　ブロツキーの詩学のもう１つの柱「引き算」も，このような「時間」「空間」
の詩人独自の定義に関わっている．「空間」から「事物」としての属性（視覚映
像性，対象指示性）を「引き算」することで獲得される「音」「言葉」「数字」「文
字」等の組み合わせである詩こそが「思惟」であり，ブロツキーにとっては，
この「思惟」が「時間」なのである．1972年の亡命後最初期の詩『トルソ』は，
このような「引き算」の過程自体を主題としている．

　　足下に踏みしめるものがふいに石の草となり／その草が緑色の現よりも大
　　理石である方が美しいとすれば，／あるいはニンフとの戯れに興じたファ
　　ウヌスを／目にして，彼らが夢よりもブロンズの中での方が幸福だとすれ
　　ば，／友よ，疲れ果てた手から杖を取り落とせ，／君はもう帝国にいるの
　　だから．

　　自然から取られた，あるいは想像の裡に具現した／空気，炎，水，ファウ
　　ヌスたち，泉の精たち，獅子たち──／神が考案し，理性が頭を煩わせる
　　ことに倦んだもの／すべてが石や金属と化している．／これは事物の終わ
　　り，これは道程の終わりに／歩み入るための鏡．

空っぽの壁龕に立ち，仰ぎ見るが／良い，幾世紀もが通り過ぎ，陰へと消えていく／そのさまを，鼠蹊部に苔が生え／肩にほこりが溜まっていくようすを——諸々の時代のこの日焼けを．／誰かが手をもぎ取るだろう，頭は肩から／音を立てて転がり落ちるだろう．

そのとき残るのはトルソだ，筋肉の名もなき総和．／千年ののち壁龕に住む鼠が／爪も折れ，御影石に敗れたはてに／ある夜一声鳴いて，小走りに道路を／横切って行く，午前零時にねぐらに戻らないために，／朝になっても戻らないために. ^11)

　この詩に明瞭に表されているように，ブロツキーの「引き算」は二段階の過程である．最初に「事物」の次元がある（「緑色の現」「自然」）．だが「事物の終わり」に，（この詩の表現によれば）「鏡」の次元が立ち現れる．これは過去の記憶や痕跡，表象の次元（「自然から取られた，あるいは想像の裡に具現した」）で，「事物」への指示性をなお保っている．だが，この次元は，「道程の終わりに歩み入るための」過渡的な段階だ．事物への指示性を保っていた「石や金属」の彫像は，やがて「手」や「頭」を失い（指示性の喪失），「トルソ」すなわち「名もなき総和」と化していく．
　亡命直後のブロツキーはこの詩で，みずからの詩学を自身に明確にしたのだろう．「事物」の総和である「空間」が，「鏡」（事物の「痕跡」や「空間」の「記憶」）の段階を経て，対象指示性を喪失した無名性の次元に至る詩学．この「道程の終わり」，すなわち「時間」は，「記号」が「事物」への指示性を失い，それ自体として自律することで成立する．詩人の役割は，この道程を推し進め，「空間」を「時間」に昇華させることである．
　このような形而下（事物／空間）から形而上（概念／時間）への昇華が必要である理由が，ブロツキーによって説明されることはついになかった．それが彼の詩人としての信念であり，したがって公理だったからである．亡命後の第1作『1972年』^12) は，やはり空間から時間への昇華を主題とし，「時間」を「沈黙の最初の叫喚」「死せる自然へといま凝固しつつある総和」などと形容しているが，昇華の必要性は，ここでも「これはより良きものへと向かっているのだ．私は

そう思う」と，ただ断定されているばかりである．

2　ブロツキーの世界図
──「鏡」としての「街」──

　このような詩学に生きたブロツキーは，しかし亡命中のソルジェニーツィンのように外界と謝絶した生活を送ったわけではなかった．むしろ憑かれたように移動を重ね，米国で勤務先の大学の講義期間が終わるたびに西欧への旅をくり返している．特に好んだのはフィレンツェ，ローマ，そして毎冬を過ごしていたヴェネツィアなどのイタリア諸都市だった．

　世界の内で生きて詩を書いたというよりも，自身の詩学から世界を見て語ったブロツキーにとって，イタリアをはじめとする西欧の「街」への旅とは何だったのか．それは，彼の詩における「街」の位相を考慮するとき，明らかになる．

　既述のようにブロツキーは亡命後，自分の故郷であるロシア帝国の旧都レニングラードへの言及をくり返したのだが，それらのなかで彼は，ピョートル大帝の強権によって「ヨーロッパへの窓」として沼地に建設され，西欧風諸様式の建築が壮麗に並び，ネヴァ河や運河などの水の遍在が顕著な，かつてペテルブルグと呼ばれたこの街に対して，執拗に「鏡」の位相を付与している．

　　　大量の鏡が備えつけられているこの街では，ナルチシズムの発生は避けようがない．［……］流れる銀色のアマルガムに毎秒ごと映し出されているこの街．［……］．湾は行き場のない影像の集積庫だ．[13)]

　この一節を含む英文エッセイ『改名された街の案内』と密接な関係にある詩『部屋のなかの正午』(1978)[14)]第Ⅳ篇には，次のような詩句がある．

　　　凍りついた河にかかる橋は頭のなかで／軟骨めいた鋼鉄のように／もう一つの冬についての思惟を生んだ──／痕跡に出会うこともない／事物の冬

　凍りついた鏡のような水面に映る「影像」の集積．だが，それらはやがて「もうひとつの冬についての思惟を生」む．そこでは事物はもはや自分の「痕跡に出会うこともない」．ブロツキーは故郷の街を，「事物」からなる「空間」が，事物についての思惟──「時間」へと昇華する特別な場と見なしていた．

　前節に見たように，ブロツキーの詩学において「鏡」は，「空間」から「時間」
へと昇華する過程の中間段階——空間を構成する「事物」への指示性をなお喪
失していない表象の段階を意味していた．レニングラードは，過去の現実（「空
間」）の記憶や痕跡の集積の場という意味で，「鏡」である．詩人はこの街を語
るとき，「鏡」の属性を持つその構成要素から視覚映像性・対象指示性を捨象し，
これを音や言葉と化すことで「時間」の領域に至る．

　一時的にすら帰郷を許されなかった亡命者ブロツキーが憑かれたように訪れ
たヴェネツィアやローマは，彼にとっては，あるいはレニングラード以上に「鏡」
だったのかもしれない．ヴェネツィアを主題とする英文エッセイの題名が
『ウォーターマーク』だったことを思い出そう．

　連詩『ローマ悲歌』において，古代帝国以来のこの都は，何よりもまず彫像
の総和として表されている（「レズビヤ，ユリヤ，ツィンチヤ，リヴィヤ，ミケリーナ．
／胸，臀部，太腿，デルタ．／空に焼かれ，指先で軟らかな粘土は／トルソの無名性のよう
な永遠を受け入れた肉体．／あなたたちこそ不死の源泉」）．だが事物は，しだいに視覚
性や具体性や固有性を失い，言葉，数，音といった抽象へと化していく（「事物
は不可視になればなるほど，かつて地上に／存在していたことが確かに／なっていく．より
いっそう遍在していく」）．視覚性を喪失した事物は「文字」と化す（「私は黒雲へと
去り行く石の事物を／威嚇するべく建立しはしなかった．／みずからの——そして他のいか
なる人の——未来をも／文字に，黒いインクに認めたから」）．空間から街＝鏡へ，さら
に時間（空間に関する思惟＝言葉）へと移行するにつれて，事物は対象指示性を希
薄にし，固有性を喪失して，言葉や概念となり，永遠と遍在の位相を帯びる．

　このように，空間から時間へというブロツキーの詩学は，過去の記憶と痕跡
を集積させているヨーロッパの古都を特権的なトポスとすることで実践され，
作品に結実していったのである．では定住の地アメリカについては，ブロツキー
はいったいどのように位置づけていたのだろうか．

3　ブロツキーのアメリカ I
——『ケープ・コッドの子守歌』——

　まず，ブロツキーの長詩のなかで，例外的にアメリカを舞台としている『ケー
プ・コッドの子守唄』（1975）を見てみよう．合衆国建国200年を記念して書か

れたとブロッキーが明言しているこの詩が描いているのは，¹⁶⁾しかし明らかに執
筆時より３年前の米国到着前後の詩人自身の姿である．亡命直後の２つの詩
『1972年』と『トルソ』がブロッキーの詩学そのものを主題としていたことを
前節までに見たが，その詩学と「アメリカ」は『ケープ・コッドの子守唄』に
おいて，どんな関係にあるだろうか．

　この詩では，国外追放後の数ヶ月を過ごした西欧から飛行機で米国に向かっ
ている際の印象が，「私は境を越え／羊肉のような雲の中を流れて行った」と
表現されている．機窓から下界を見る詩人にとって，それは何ほどか空間から
の超越の経験だった（「そして空間がザリガニのように後ずさった／時間を前に押し進め
ながら」）．だがやがて着陸した場所アメリカは，時間の領域にあるどころか，
痕跡や記憶が集積した特権的な場ですらない（「帝国の東の果てが夜に沈む．芝生の
草の中で／セミたちが黙りこくっている．切妻に刻まれた／古典の引用は見分けられない」）．
「バルタザルの宴のように，闇の中に燃え，皆に語りかけている」のは「《コカ・
コーラ》の文字」だ．

　そのようなアメリカは，では詩人にとって無意味かというと，そうではない．

　　水の下にその端が没する帝国から／私はこれを書いている．二つの大洋と
　　／大陸の点検を終えて，私は／地球儀が感じるのとほとんど同じように感
　　じている．／つまり，この先にはもう行き場がない．この先には／ただい
　　くつもの星々だけ．燃えている星々だけ．

　　私のいる場所は天国だ……／私のいる場所はいわば山頂の／ようなところ
　　だ．この先は空気，そしてクロノスだけ．／この言を忘れるな．なぜなら
　　天国とは袋小路なのだから．

　アメリカは，そこから先は「もう行き場がない」「袋小路」だ．詩人自身の
米国亡命を主題とした『ケープ・コッドの子守唄』において，亡命自体は決定
的な転換ではなく，その前段階である．彼にとってそれは空間内での移動を意
味する以上ではなかった．ただし詩人は「二つの大洋と大陸の点検を終え」た
ことによって，空間の「この先にはもう行き場のない」との認識に達する．自
分のいる場所アメリカが「山頂のようなところ」すなわち「空間」の臨界点で

あり，そこから先に進むとすれば，それは「クロノス」すなわち「時間」の領域でしかないことを確認したのである（「帝国を替えることは言葉のどよめきと結びついている．［……］／帝国を替えることは，海の彼方を見渡す視線と／結びついている」）．

　「足場を見つけた後でだけ／肉体は森羅万象を頭上に持ち上げることができる」──詩人は米国に亡命して，もはや空間的にはこれ以上どこにも行けないことを認識した時に「初めて，乾いた言葉を／上の方に──太古から物言わぬ領域に──送り出すことができる」ようになる．ブロツキーの用語に即して言うなら，「空間」の次元から「時間」の次元への跳躍が始まるのである．

　くり返しになるが，ブロツキーにとって，この跳躍は，過去の記憶や事物の痕跡の場（ヨーロッパの古都）を理念や言葉へと昇華することを意味していた．歴史が浅く，めまぐるしい変遷で痕跡を見いだすこともままならないアメリカは，それ自体はブロツキーの昇華の対象とはなりえないが，「時間」への昇華を詩人にうながす「空間」の臨界点とされているのである．

4　ブロツキーのアメリカⅡ
　　──インタビューから──

　これまでにも時おり指摘されてきたことだが，ソ連という社会では，恒常的な抑圧とたびたびの弾圧にもかかわらず，文学という営為の特権性，至上性への信頼は揺るぐことなく保たれていた[17]．市場経済の浸透により，西側においては20世紀を通して否応なく進行し，文学や芸術作品からアウラを剥ぎ取った商品化の過程が，計画経済を建前としていたソ連では塞き止められていたからである．

　たとえば，20世紀後半の西側で最も高く評価されたソ連映画の巨匠アンドレイ・タルコフスキー（Андрей Тарковский, 1932-86）の極度に形而上学的な作風や，セルゲイ・パラジャーノフ（Сергей Параджанов, 1924-90）の徹底的に唯美的な作風は，製作者が収益を求められる状況からは生まれ得ない．確かにどちらの監督もソ連体制から抑圧され，弾圧を受けたが，しかし2人の映画は，商品化や大衆化への志向を内包しておらず，形而上性や美を追求することの意義をアイロニーなく確信している点では，すぐれてソ連的な現象だったのである．そのような2人の作品が西側で高い評価とカルト的な人気を得たこと，商品として

流通し得たことは，第一義的には制作側よりもむしろ，芸術の商品化傾向の加速という状況下での欧米（そして日本）の受容の問題だった.

　ブロツキーの場合にも，同じことが言える. 確かにこの詩人は，社会主義社会に不適合な存在としてソ連体制によって逮捕され，流刑にされ，最後には追放されたのだが，世界内に生きながら詩を書くのではなく，詩によって世界を語る以上に,詩の中に世界図が内包されているその詩学の徹底的な形而上性は，まぎれもなく文学と言葉への信頼のもとで形成されたものである. ブロツキーのアメリカへの順応とは，うがった見方をするなら，ソ連体制下で保持されていた古典的な詩人像と文学観とを米国の商業的な文学シーンであえて貫き，逆に商品として確立して流通させることだったと言えるかもしれない. このことはもちろん，1987年のノーベル賞受賞講演で示された文学観に対する詩人の誠実や真摯と矛盾するものではない.[18]

　ブロツキーは，カジミール・マレーヴィチ（Казимир Малевич, 1879-1935）がその「無対象絵画」の周囲に膨大な言説を積み重ねたのにも似て，あたかも難解な自作の解説ででもあるかのように，幾多の取材やインタビューで自分の生と詩学について雄弁に語っている. それらのなかでくり返し強調されているのは,「［アメリカが私にとって］何であったかと言うと，それはただ空間の続きです」[19]など，『ケープ・ゴットの子守歌』と整合する認識である.

　ただし，インタビューの発言からは，このような認識が自然に得られたのではなく，むしろ意識的なものだったこともうかがえる.

　　ここ［アメリカ］に到着したとき，私は起きたことを劇的に捉えることなく，まるで何も起きなかったかのようにふるまうことを自分に命じました. 実際，そのようにふるまえたし，今でもそうし続けていると自分では思っています. もっとも，最初の2，3年は，自分は生きているというより，むしろ正にふるまっていたのでした. ［……］今では，仮面が私の顔と一体化したので，もうそんなことは感じませんし，顔と仮面の区別もつきません.[20]

　　合衆国に着いたとき，私は自分に言ったのです. まるで何も起きなかった

かのように行動しろ，さもないと犠牲になるぞって.[21]

　米国移住後の最初の詩集が刊行される際，編集者が詩集を亡命後第 1 作『1972年』から始め，亡命前と亡命後とが鮮明になるような構成を提案したとき，ブロツキーは拒絶し，構成にみずから手を入れている.「1972年は何らかの境界ではありました一少なくとも国家的には.［……］だがそれは決して心理的な境界ではなかったのです.たとえその年に私が 1 つの帝国から別の帝国に移動したにしてもです」[22]という発言は，彼が亡命という人生の転機を，自分の詩学に沿って，あくまでも二次的なものとして処理しようとしていたことをよく示している.

　インタビューでは，ソ連から西欧に追放され，まもなく米国に移住する過程で，実際には単なる空間の継続性だけでなく，一種の断絶の感覚があったことも語られている.ブロツキーのこの断絶感はその詩や詩学では前景化していないが，興味深いことにソ連と西側ではなく，ロシアを含むヨーロッパとアメリカとの間にこそあるものだった.1982年のインタビューでブロツキーは，ソ連出国直後にミシガン大学だけでなく，じつはロンドンやソルボンヌ大学からも就職の申し出があったが，「私の人生に変化が起きたからには，その変化は大きい方が良い」と考え，アメリカ行きを選択したと述べている.[23]

　やはり亡命時を回想した1988年のインタビューには，次のような発言もある.

　　ヨーロッパに留まること.英国，フランス，あるいは一番良いのはイタリアですが，これらの場所にはやはり何か［ロシアの］続きという感じがあります…….ですが私は［亡命の際］，続きということはあり得ない，もし失うなら，最後まで行かなければならないと理解しました.すべてを失い，すべてを拒まなければならない.そのような最終的な終わりとともに，無限性の感覚がやって来るのかもしれないことを理解したのです.[24]

　この証言は，本章で『ケープ・ゴットの子守歌』ほかに見てきたような，「空間」の臨界点に行き着くことで形而上的な「時間」の領域に跳躍するという彼の詩学とよく整合しているが，空間の臨界点がアメリカであることが，ブロツキーにとって偶然ではなく，選択の結果だったことは重要である.時間の次元

への跳躍は，過去の記憶や痕跡に満ちたペテルブルグを含むヨーロッパの街を対象とするが，その営為の不可避性に詩人が行き当たるためには認識の断絶が必要であり，その断絶とは，地理的にはヨーロッパの外部に出て，空間移動の非形而上性に直面することだったのである．

　「ニューヨークについて［書いたこと］は，たぶんありません．そもそも，どうすればニューヨークのことを書けると言うのですか?! ヴェネツィアについてなら，一度ならず書いてきましたが²⁵⁾」と述べるブロツキーの詩句のなかにアメリカが占めるべき場所はなかった．それは，この非政治的な詩人の世界図における，まぎれもないヨーロッパ中心主義の表れである．

　　世界文化というのは，当然ながら，西洋文化のことです．そうでしょう？
　　少なくともこれまではそうだったし，私たちの時代も，そうなのです．²⁶⁾

　ブロツキー1980年代後半の発言である．彼の「空間」から「時間」への昇華とは，あくまでも彼が世界文化と同一視するヨーロッパ文化の記憶や痕跡の「言葉」への凝縮だった．生活の場として愛していたアメリカに，しかしブロツキーはその詩学では，形而上学的跳躍への前走の場，好適な契機という以上の意義を認めなかったのである．

おわりに

　日本とは異質なソ連という文化体系のなかから生じたブロツキーのアメリカ観を，たとえばほぼ同じ時期にアメリカを体験した日本の文学者と比較すると，どういうことが言えるだろうか．残念ながら私はこの点について自信を持てないままに印象として言うのだが，アメリカと日本の差異への言及，アメリカに対する批判や違和感の表明は少なくなかったけれども，それらは多くの場合，ブロツキーのような，自身の体系的な世界図のなかに米国を定位する試みにはつながらなかったのではないか．

　概して昭和戦後期の日本の文学者たちは，ブロツキーが形成し，依拠したような体系的な価値観を回避していたように思われる．この際，ブロツキーが自分の形而上学的な詩学を実際に信じていたのか，彼に好意を持たなかった亡命

ロシア人たちがささやいていたように，ある種の演技だったのかは重要ではない．いずれにせよ，彼はその早い死の日まで，自分の詩学に沿って書き，発言し，生きることを貫いたのだから．

　とは言え，ブロッキーの形而上学詩人としての姿勢が，彼を弾圧した当のソ連の反商業主義的な機構によっても育まれたこと，それなのに1970年代以降の米国と世界のジャーナリズムで商品として流通し得たことの逆説は，詩人自身の主観の枠を超えて考えてみるべきことだろう．普遍的であるはずのブロッキーの詩学がソ連という体制，米国という場によって，まるで無意識のように下支えされていたこと，そしてそれらがあたかも不在のごとく希薄にしか表象されなかったことの意味は，グローバリゼーションが蜘蛛の巣のように世界を覆っている今日でも小さくはないのである．

注

1 ）長縄光男『評伝ゲルツェン』（成文社，2012年）：246-247.

2 ）同前：254-256.

3 ）ロイ＆ジョレス・メドヴェージェフ『ソルジェニーツィンとサハロフ』（大月晶子訳，現代思潮新社，2005年）：142.

4 ）*Гарвардская речь Солженицына.* https://rg.ru/2018/06/08/garvardskaia-rech-solzhenicyna-v-chem-izian-zapadnoj-demokratii.html（2019年 6 月 8 日閲覧）．なお，本章における日本語訳は，特に言及がない場合は著者による．

5 ）ブロッキーの伝記には，Лев Лосев. *Иосиф Бродский: опыт литературной биографии.*（М., Молодая гвардия. 2011），Валентина Полухина. *Эвтерпа и клио Иосифа Бродского: хронология жизни и творчества*（Томск., ИД СК–С. 2012），日本語では沼野充義「この地上でいちばん美しい街の詩人」,『モスクワ――ペテルブルグ縦横記』（岩波書店, 1994年）：25-48. などがある.

6 ）Рожденный в изгнании（С Мириам Гросс. 1981）. *Иосиф Бродский: большая книга интервью*（М., Захаров. 2000）: 166.

7 ）Надеюсь, что делаю то, что он одобряет（С Дмитрием Радышевским. 1995）. *Там же*: 665.

8 ）日本語訳はヨシフ・ブロッキー『ヴェネツィア――水の迷宮の夢』（金関寿夫訳，集英社，1996年）.

9 ）Josef Brodsky. Flight from Byzantium. *Less Than One. Selected Essays*（Farrar, Straus and Giroux. 1986）: 435.

10）Иосиф Бродский. Колыбельная Треск亇ого Мыса. *Стихотворения и поэмы. Том 1*（СПб. Изд. Пушкинского Дома и «Вита Нова». 2011）: 369–378. / Joseph Brodsky. Lullaby of

Cape God. *Collected Poems in English.*（Farrar, Straus and Giroux, 2002）: 116-129. 日本語訳に沼野充義訳，『中央公論文芸特集』1991年春季号：41-59. がある．なおブロツキー詩の訳出に際しては，前者ロシア語テキストを底本とし，詩人自身の監修による英訳定本である後者を適宜参照した．

11）Бродский. Торс. *Стихотворения и поэмы. Том　1*: 342-343. / Brodsky. Torso. *Collected Poems in English*: 78.

12）Бродский. 1972 год. *Стихотворения и поэмы. Том　1*: 333-336. / Brodsky. 1972. *Collected Poems in English*: 67-70.

13）Josef Brodsky. A Guide to a Renamed City. *Less Than One*: 77.

14）Бродский. Полдень в комнате. *Стихотворения и поэмы. Том　2*: 16-21.

15）Бродский. Римские элегии. *Стихотворения и поэмы. Том　2*: 67-72. / Brodsky. Roman Elegies. *Collected Poems in English*: 274-280.

16）Денис Ахапкин. «Колыбельная Трескового мыса»: открытие Америки Иосифа Бродского. *Новое литературное обозрение*. №148. 2017: 256-257.

17）作家の島田雅彦は20世紀末に「いま，ロシアの詩人なり映画監督に会うとすごく新鮮で，ほとんど前世紀の人と会っているのではないかという気さえ起きる．［……］彼らは人間を信じている．場合によっては死者の魂の復活を信じている部分があって，それこそアメリカ的芸術資本主義を当然の前提として生きている人間にとっては100年前の人と会っている気分ではあった」と述べている．福田和也・島田雅彦『世紀末新マンザイ：パンク右翼 vs. サヨク青二才』（文藝春秋，1998年）：99.

18）日本語訳はヨシフ・ブロツキイ『私人──ノーベル賞受賞講演』（沼野充義訳，群像社，1996年）．

19）Проигрыш классического варианта（С Дмитрим Савицким. 1981）. *Иосиф Бродский: большая книга интервью*: 221.

20）Поэзия – лучшая школа неуверенности（С Ева Берч и Дэвилд Чин）. *Там же*: 67.

21）Самый дерзкий вызов власти – не интересоваться ею（С Адам Михник. 1995）. *Там же*: 658.

22）Лосев. *Иосиф Бродский*: 195.

23）Искусство поэзии（С Свен Биркертс. 1982）. *Иосиф Бродский: большая книга интервью*: 89.

24）Ниоткуда с любовью（С Любовью Аркус. 1988）. *Там же*: 381.

25）Искусство поэзии. *Там же*: 92.

26）Solomon Volkov. *Conversations with Joseph Brodsky*（The Free Press. 1998）: 180.

第 8 章　ポストコロニアルなアメリカ表象へ
——韓国における〈戦後〉のアメリカ表象をめぐって——

佐野正人

は じ め に

　第二次世界大戦後の朝鮮半島はそれまでの日本による植民地支配に代わって
アメリカ・ソ連による分断統治が行われ，朝鮮戦争という激しい内戦が起こっ
ている．米・ソという超大国のパワーが直接接触し激しく対峙したという意味
で，朝鮮半島は第二次大戦後の冷戦のまさに最前線に位置する地域となったと
言いうるだろう．日本の敗戦後，南朝鮮ではアメリカによる軍政が敷かれ直接
アメリカの統治を受けたばかりでなく，その後もソウルの龍山基地を始めとし
て全国各地にアメリカ軍が基地を置き，米韓合同軍事演習が毎年行われるなど，
冷戦に伴ったアメリカの政治的・軍事的プレゼンスは戦後の韓国にとってきわ
めて高かったものと見られる．

　1950年に起こった朝鮮戦争ではアメリカ軍を主力とした国連軍が韓国を援助
したため，韓国人にとってのアメリカは「恩人」「永遠の友邦」といったイメー
ジが定着した．しかし，朴正熙による軍事政権をアメリカが支持したことや，
ことに1980年5月に起こった光州事件において光州市民への発砲をアメリカ軍
が黙認したことが知られるようになった1980年代にはアメリカへのイメージが
急速に変化していくことになった．民主化運動が高まっていく中で反米的な意
識が広がり，1982年には釜山にあるアメリカ文化院への放火事件などが起こっ
ている．

　その後韓国は1987年に民主化を勝ち取り，新たに出現した新聞社やテレビ局
などのマスコミによってそれまで報道されなかった慰安婦問題や米軍による犯

罪事件などが大々的に報道されるようになった．そのために日韓の間では慰安
婦問題が1990年代に政治化したが，アメリカ軍に対する批判運動もまた盛んに
なっている．2002年には京畿道においてアメリカ軍の装甲車が女子中学生２名
を轢き殺す事件が発生し，ロウソクデモがソウルを始めとして全国で行われ反
米感情が高まった．

　このような韓国のアメリカをめぐる複雑な意識やイメージの変遷は，現在に
続くものとして深く探求されるべきものだろう．そこには日本とはまた違った
〈戦後〉があり，アメリカとの対峙や葛藤があったからである．アメリカとは
ある意味でポストコロニアルな国家としての韓国が直面せざるを得ない世界帝
国としての「他者」であったのであり，それに対して韓国がどのように自らの
アイデンティティを立ち上げ，深化させていったのかを測るためのまたとない
試験紙でもあったのである．

　本章ではそのような問題に答えるために〈戦後〉の韓国とアメリカの関係史
を略述した上で，韓国映画に現れたアメリカのイメージを分析していくことに
したい．

1　〈戦後〉初期の韓国とアメリカの関係

　まず，〈戦後〉の韓国とアメリカとの関係史について概略を見ておきたい．
　1945年８月15日に日本が敗戦すると，南朝鮮ではすぐにアメリカによる軍政
が開始されている．上海に亡命していた臨時政府のメンバーや独立運動家たち
によって自主的な建国の動きが始まっており，９月６日には朝鮮人民共和国の
建国が宣言されていたものの，そのような自主的な建国の運動を否定する形で
アメリカの軍政は始まることになる．建国宣言の翌日である９月７日にホッジ
中将の率いるアメリカ第24軍団が仁川に上陸し，北緯38度線以南の南朝鮮にア
メリカの軍政を敷くことを布告する．

　それから３年間に渡ってアメリカの軍政は続くことになるが，その間朝鮮半
島は混乱を続ける．初めにはアメリカ，ソ連，イギリス，中国の４か国による
朝鮮半島の信託統治を最長５年間に渡って行うことが決定されるが，南朝鮮で
は信託統治賛成派と信託統治反対派の間での激しい対立と混乱が生じ，アメリ

カ軍政を批判する動きが広まっていく．1946年10月には大邱で軍政に抗議する
デモに警察が発砲したことから，136名の犠牲者が出る事件が起こっている（大
邱10月事件）．

　結局，米ソの交渉は暗礁に乗り上げ，1947年にアメリカは国連での解決に問
題を託すことを決意する．国連では「国連の監視下での南北朝鮮での総選挙を
行う」という案を議決するものの，現地での調査を行った結果，南朝鮮のみの
単独総選挙を行うという案に転じ，1948年2月に単独選挙案が可決されること
になる．このことは朝鮮半島の分断を固定化してしまうものであることから，
単独選挙賛成派と反対派とが激しく対立し，南朝鮮はストライキやテロが頻発
し，騒然とした状況となる．済州島では単独選挙に反対する武装蜂起に対して
軍隊が投入されて，3万人とも言われる多くの犠牲者を出した済州島4・3事
件が1948年4月に起こっている．[2]　結局，混乱の続く中で南朝鮮での単独選挙が
1948年5月に行われ，同年8月15日に李承晩を初代大統領とした大韓民国が樹
立される．また，同年9月には北朝鮮でも金日成を首班とした朝鮮民主主義人
民共和国が建国され，南北分断は固定化されることになる．

　このような戦後初期の朝鮮半島の状況を見てみると，アメリカ軍政は具体的
なプランを持っていたわけではなく現地の事情にも通じていなかったため社会
的・政治的混乱を続けたことが分かる．アメリカにとって朝鮮半島とは冷戦の
最前線に位置する地域であり，そのため冷戦という国際政治の要請が何よりも
優先されたのである．解放後の朝鮮にとってアメリカは「解放者」として迎え
られたものの，その実朝鮮半島の民族的な自主統一を願う大衆的願望とは強い
緊張関係を持つものであり，多くの犠牲者を出したものであったことは忘れら
れてはいけないだろう．

　そのような関係が変化するのが1950年に起こった朝鮮戦争によってであっ
た．朝鮮戦争は1950年6月25日に北朝鮮軍約10万人が宣戦布告なしに38度線を
越えて攻撃を始めたことによっている．この攻撃に対して韓国軍および連合国
軍はまったく予想しておらず，敗走につぐ敗走を重ねることになった．首都ソ
ウルは開戦2日後に韓国政府によって放棄され，3日目の6月28日に北朝鮮軍
によって陥落する．このような北朝鮮軍の快進撃によって，アメリカは否応な
く朝鮮戦争の一方の当事者として深く関与せざるをえない状況に至る．トルー

マン大統領はただちに国連安全保障理事会を開催し北朝鮮の行動への非難決議
をするとともに，韓国を防衛するために必要な援助を与えることを加盟国に勧
告し，7月7日にはアメリカ軍25万を中心としたイギリス，フランス，タイ，
トルコなど22か国からなる国連軍を結成している．

　その後,釜山周辺まで追い詰められた韓国軍と国連軍に対して,マッカーサー
が仁川への奇襲的な上陸作戦を行い，北朝鮮軍を背後から分断することに成功
し，その後急速に戦況は韓国軍・国連軍側が優勢となっていく．中朝国境の鴨
緑江にまで前線が北上したところで，今度は中国の人民志願軍が参戦し，圧倒
的な兵力による人海戦術によって戦線は再びソウル以南にまで押し戻され，そ
の後戦線は38度線付近で膠着する．このように朝鮮の全土を戦線が行ったり来
たりを繰り返したため，韓国・北朝鮮ともに多くの民間人の犠牲者が出たばか
りではなく，全土で避難民が発生したことで離散家族が1000万名を越えて生み
出され，現在も離散家族の再会が南北朝鮮間の大きな問題となっていることは
よく知られているだろう．

　この朝鮮戦争を通じて，韓国人のアメリカに対するイメージは「血で結ばれ
た血盟」へと変化した．アメリカ軍を中心とした国連軍の介入がなかったとし
たら，韓国という国家は崩壊していた可能性が高く，その意味でアメリカは国
家を救った恩人という位相を持ったのである．特にマッカーサーは韓国を救っ
た英雄となり，彼による仁川上陸作戦の成功は広く韓国で宣伝され，数度にわ
たって映画化されることになる．また，朝鮮戦争後の疲弊した韓国を援助する
ために，アメリカは21憶ドルに上る食料や物資を支援したことも手伝って，韓
国のアメリカに対する「恩人」というイメージはその後も揺るぎないものとなっ
ていった．

2　韓国の民主化に伴うアメリカ認識の変化

　そのような韓国のアメリカに対するイメージが大きく転換することになるの
は1980年にあった光州事件を契機としている．光州事件は，1979年に長期にわ
たる軍事政権を行っていた朴正熙大統領が暗殺されたことにより，「ソウルの
春」と呼ばれる民主化ムードが漂い与野党が戒厳令解除，民主化推進を進める

ことで一致したことに危機感を抱いた軍部勢力が起こしたものとされる．全国に戒厳令を拡大し，金大中，金泳三らを逮捕した上で，5月18日に光州市に空挺部隊を送り市民に発砲した事件である．これに対して光州市民は武器を奪取して市民軍を結成し軍に対抗したが，5月27日に鎮圧された．

　この事件において光州市民たちはアメリカの介入を期待したものの，韓国における作戦統制権を持っていた在韓米軍は韓国軍部隊の光州投入を承認し，秩序維持を名目にアメリカ政府もそれを黙認したため，アメリカに対する強い批判が起きることになった．1982年には，釜山にあるアメリカ文化院に対する放火事件が起きるが，そこで撒かれたビラには光州事件を武力弾圧した全斗煥政権とそれを支援する帝国主義国アメリカに対する反米闘争を呼びかける内容が書かれていた．また，1985年にはソウルにあるアメリカ文化院をソウル大，延世大，高麗大，西江大などの学生73名が占拠，籠城する事件も起こっている．やはりアメリカが光州事件での市民虐殺の責任を取り謝罪することを求めてのものだった．

　このような一連の事件によって，アメリカに対する責任追求や軍事政権を支援し帝国主義的な利益を追求する国家としてのアメリカに対する批判が民主化運動の中心的な課題として浮上していることが見られる．このことはこの時期の韓国が経済発展しオリンピックの開催など国際的な地位を高めていくことと平行して，韓国人のアメリカ認識が劇的に変化していったことを示している．オリンピックに前後して韓国はソ連や東欧諸国，中国などと国交を結ぶ北方外交を展開しているが，それとともに国際的な視野の中での新たな韓国のアイデンティティ追求がなされていったと見ることができる．韓国の近現代史の見直しや，歴史の立て直し（역사 바로 새우기）といったことがこの時期活発に議論されている．そのような歴史認識の更新の中で，アメリカへの認識もまた変化していったのだと考えることができるだろう．

　民主化運動は1987年の6月抗争によって勝利し，韓国は自らの力で民主化を成し遂げることになる．民主化の中で生まれた新たなメディアとしてハンギョレ新聞やSBSテレビなどの新聞社やテレビ局はそれまでタブーとされてきた歴史問題に果敢に取り組み，民主化運動の中で提起されていった歴史認識は一般国民に共有されていくことになる．例えばハンギョレ新聞は，1990年に慰安

婦問題を扱った特集記事を載せ，国民的な反響を呼ぶことになる．また，それ
を受けて翌1991年にはMBCで慰安婦を主人公としたドラマ『黎明の瞳』が放
映され，これも平均視聴率40パーセントを越える国民的なヒットを記録する．
アメリカとの関係に関しても，同様に米軍基地のある村を舞台としたキム・ギ
ドクの映画『受取人不明』が2001年に作られたり，朝鮮戦争でアメリカ軍に対
して南北朝鮮軍が合同して村を守る『トンマッコルへようこそ』が作られたり
している．また，ポン・ジュノの映画『グエムル　漢江の怪物』では米軍の薬
物投棄事件によって発生した怪物を描いている．それらもまた，韓国の民主化
運動に伴う歴史認識の更新の中で現れてきた現象だったと言えるだろう．

　また，1999年には朝鮮戦争中にアメリカ軍が忠清北道のノグンリで住民を虐
殺した事件が報道され大きな反響を呼び，2002年には京畿道で米軍の装甲車が
女子中学生2名を轢き殺す事件が起こり，装甲車を操縦していた2名に対して
米軍キャンプ内での裁判で無罪判決が出たことによって韓国全土で抗議するロ
ウソクデモが起こった．

　このように現実的な韓米関係と歴史的な認識の問題としてのアメリカの問題
とは相互に絡み合いながら，現在に至る韓国のアメリカ認識を形成している．
そこには国際的なコンテクストの中で韓国のアイデンティティを模索してい
く，ポストコロニアルな自己認識が深く関連していたと考えられる．次にいく
つか韓国の映画作品を取り上げて，その中に現れたポストコロニアルなアメリ
カ認識について見て行きたい．

3　『受取人不明』に見られる親米・反米の二重性

　韓国でアメリカ軍が軍政を行った時期からアメリカは韓国の文学作品や映画
作品に現れ始めている．初期には「反共映画」という枠組みや「基地村映画」
というジャンルで描かれることが多かった．「反共映画」は文字通り共産主義
イデオロギーへの幻滅を誘ったり，あるいは共産主義者に対する闘争心を煽る
ような映画を指しているが，その中には戦争のスペクタクル場面を扱うことが
可能だったため，『死の箱』（キム・ギヨン監督，1955），『還らざる海兵』（イ・マン
ヒ監督，1963），『紅いマフラー』（シン・サンオク監督，1966）などの人気作を出し

ている．また，「反共映画」の制作にはアメリカ広報院（USIS）が深く関与していたことも注目しておくべきだろう．

　一方，「基地村映画」は韓国の各地に存在していたアメリカ軍基地とその町に暮らす男女を描いた映画である．基地村はアメリカの文化と物資と金が渦巻く世界であり，そこに引き寄せられたり葛藤したりする韓国人男女の姿が描かれている．シン・サンオク監督の『地獄花』（1958）や『女王蜂』（イ・ウォンセ監督，1985），『墜落するものには翼がある』（チャン・ギルス監督，1990），『受取人不明』（キム・ギドク監督，2001）などがあるが，ここではキム・ギドク監督による2001年の映画『受取人不明』を見ておくことにしたい．

　『受取人不明』はキム・ギドク監督の自伝的要素が強いと言われている．舞台は1970年代のある地方の村だが，そこはアメリカ軍基地のキャンプ・イーグルがある基地村である．映画は冒頭から星条旗を掲げる軍での儀式から始まり，飛び立つ飛行機，掛け声を掛けながら訓練する米軍兵士たちの模様，基地の正門に立つ警備兵たちの姿，兵士たちを取り締まる MP たちの姿などが映画の中で詳細に描かれている．そこで暮らす韓国人たちもほとんどがアメリカ軍と何らかの関係を持っている．映画に登場する主要な人物は3人であるが，チャングクはアメリカ黒人兵士を父に持ち，韓国人の母と一緒に米軍の廃棄された赤いバスの中に住んでいる．黒人兵士の父はアメリカに帰ってしまい消息不明となっており，チャングクの母は彼に国際郵便を何度も送るが，いつも「受取人不明（Address　Unknown）」の印を押されて戻ってくる．チャングクの母はいつか夫と連絡が取れて，アメリカに行ける日がくることだけを願っているが，「洋公主^{ヤンコンジュ}」（アメリカ軍の情婦を指す韓国語）として村では差別を受けながら暮らしており，そんな母を息子のチャングクも持て扱いかねて暴力をふるったりする．

　チャングクの唯一の友人と言いうるジフムは，高校を中退してアメリカ軍相手の肖像画を描く店に勤めている．気が弱く勉強もできない彼は，高校の後輩の2人組に英語で話しかけられても答えられず，いつもお金を奪い取られる．それを見かけたチャングクは彼を助けるようになり，友人となるのである．ジフムは彼の隣家に暮らす高校生のウノクに恋心を抱いている．ウノクのために似顔絵を描いたり，彼女の可愛がっている子犬を助けてやったり，ウノクの部屋に障子の穴を空けてのぞき見をしたりしている．

　ウノクは父親を朝鮮戦争で亡くしており，母と兄との３人で年金での苦しい暮らしをしているが，彼女は事故で右目の視力を失っている．ウノクはアメリカ軍兵士のジェームズと知り合い，彼が自分の恋人になるなら米軍病院で目の手術をしてあげると提案し，結局手術を受ける．その後，彼女はジェームズの情婦となって，ジェームズはウノクの家にまで来て情事を行うようになる．いわばウノクも目の手術の代償として「洋公主_{ヤンコンジュ}」となるのである．

　この３人の登場人物がみなアメリカと何らかの関係があるだけでなく，アメリカを人生の脱出口としているのを見ることができる．チャングクの母がアメリカに行くことを唯一の希望としているだけでなく，ウノクもまたアメリカ軍兵士によって目を手術し，視力を回復している．しかし単純にアメリカの存在が基地村の人々にとって希望や脱出口である側面ばかりでなく，それが韓国の人々の人生を損ない，破滅させるに至る側面も同時に捉えられている．チャングクは結局，黒人兵士とのハーフである自身に耐えられず，母の身体に入れ墨された父の名前を剥ぎ取り，バイクに乗って自爆する．チャングクの母もそれによって絶望し，バスに火をつけて自殺する．また，ジフムは自分の恋人であるウノクを米兵のジェームズに取られたことで葛藤し，結局ジェームズを矢で射殺してしまう．

　そのようにこの映画ではアメリカに対する複合的な視線と感情が描かれていると言うことができるだろう．監督であるキム・ギドクはこの映画について次のように述べている．

　　シナリオを書いた当時，私はアメリカ兵士に対して敵対的だった．しかし映画のハンティングのために沢山のアメリカ軍部隊周辺のぼろぼろで不潔なクラブを見て，ある悲哀感を感じた．…三流のクラブ，何ドルか払ってホステスを横に座らせて二言三言しゃべって恋愛もできずに基地に戻る兵士たちの姿に孤立感，寂しさ，やるせなさを感じた．私はその時自分が本当に彼らを理解していたのか，彼らはまるで中東に派遣された韓国軍のような存在ではないのか，と思った．（中略）彼らは異国の地で若い時期を送る寂しい若者にすぎないというのが私の考えだ．そのため『受取人不明』のアメリカに対する態度は「親米と反米の境界」と言うべきだろう．[5]

　監督の言葉にあるように，この映画でのアメリカに対する意識は複合的である．おそらく監督の実体験に基づくアメリカ兵士に対する反米的な意識と，成人した後の視線から見た可哀想な若者たちという認識との複合した境界にあるということができるだろう．ここには1960年生まれのキム・ギドク監督の世代にとって，アメリカが韓国人の深い内面に関わる問題だったことが窺えるだけでなく，そのような複雑な葛藤をその後の監督あるいは韓国が乗り越えていく過程を見て取ることができるように思われる．

4　『トンマッコルへようこそ』に見られる反米的視線

　韓国で1987年の民主化を勝ち取った世代は「386世代」と呼ばれている．1960年代生まれで80年代に学生時代を送って現在（90年代に）30代の世代という意味である．キム・ギドク監督も1960年生まれであるため「386世代」の範疇に入るが，より直接80年代の学生運動に関わった世代が2000年代に入って韓国映画の制作に関与していくことになる．いわゆる「韓流映画」のブームを牽引したのは，彼らの「386世代」の力が大きかったと見られる．『シュリ』や『ブラザーフッド』を制作したカン・ジェギュ監督（1962年生まれ），『殺人の追憶』や『グエムル』を制作したポン・ジュノ監督（1969年生まれ）は代表的な「386世代」の監督である．

　彼ら386世代のアメリカに対する意識をよく窺うことのできる映画が『トンマッコルへようこそ』である．監督のパク・グァンヒョンは1969年生まれの386世代で，この映画が彼の長編映画第1作である．舞台となるのは韓国の深い山間にある小さな部落トンマッコルであり，そこでは朝鮮戦争が起こったことも知らず平和な生活を送っている．トンマッコルの様子は近代を経験したことのない無垢で自給自足の生活を送る理想郷としてファンタジックに描かれている．その小さな村にアメリカの戦闘機が墜落し，パイロットであるスミス大尉が傷ついた身体でやってくる．またそこに韓国軍兵士のピョ・ヒョンチョル将校とムン・サンサン衛生兵の2人が現れる．ピョ将校は脱営して逃げる途中でムン衛生兵と出会い，2人で山奥のこの村に現れるのである．さらにそこに北朝鮮軍のリ・スファ将校，チャン・ヨンヒ下士官，ソ・テッキ少年兵の3人

組も現れる．彼らは連合軍の攻勢に追われて命からがら生き延びてこの村に辿り着く．

　この3組の「客」がトンマッコルという戦争を知らない村で出会うことで，物語は進んでいく．初めは韓国軍と北朝鮮軍は銃口を向けあい一触即発の緊張が漂うが，銃を見たこともない村人たちは怖がることもなく私語をし，次第に勝手にその場を離れて行ってしまう．軍人たちも結局銃を下ろし，奇妙な同居生活が始まっていく．彼らは村の倉庫を爆破してしまったことで，食料が育つまで村の仕事を手伝うことになる．初めはいがみ合っていた韓国軍兵士と北朝鮮兵士も，純粋な村人たちに感化されていつの間にか互いに認め合うようになる．村に巨大なイノシシが現れて，韓国軍兵士と北朝鮮軍兵士が協力して捕獲することで，またその肉をアメリカ軍のスミスも含めて皆が一緒に食べることで，彼らの間に感情的な絆が生まれていく．そこから彼らは軍服を脱ぎ，村人の着る服を着るようになっている．

　しかしその頃，行方不明となったスミス大尉を救出するために連合軍が救出作戦を実行することになる．完全武装してパラシュートで村に降り立った連合軍兵士たちは，無慈悲に村人たちを扱い村の長老である村長を殴り殺そうとする．それに怒ったピョ将校，リ・スファ将校を初めとする南北の兵士たちは，武器を奪い彼らを射殺する．救出作戦が失敗した場合には24時間後に村を爆撃するという情報を知った南北の兵士たちは，村を救うために協力して山の上で対空砲陣地を装って連合軍の爆撃を山に誘導する．連合軍の大量の爆撃の砲弾の中で，彼らは微笑みあって最期を迎える．

　この映画でもっとも印象に残るのは，韓国軍兵士と北朝鮮軍兵士との人間性と彼らが築く感情的な絆であると言うことができる．韓国軍のムン衛生兵は北朝鮮軍の年長のチャン下士官を「兄^{ヒョン}」と呼ぶし，ピョ将校とリ・スファ将校は互いに相手の将校としての指導力に敬意を示したりしている．そこで示されている南北の兵士間の絆に比べて，アメリカ軍は友軍でありながら無慈悲に村人を扱ったりしており，反米的な視線が現れている．連合軍の作戦司令部はレーダーや計器に囲まれており，暗い照明によって無機質で非人間的な雰囲気をかもし出している．トンマッコルの村の素朴で人間的な雰囲気とはきわめて対照的に描かれているのである．

　そこにはアメリカという高度に機械化した軍事力に対する批判的な視線が感じられる．トンマッコルの村に不時着したスミス大尉は村の生活に溶け込み村人の服を着ているなど人間的に描かれているが，それに対して作戦司令部でのアメリカ軍兵士たちは個性を失った無機質で感情を持たない人々として描かれている．そこにはグローバリズムという高度な資本と軍事力を持った世界帝国としてのアメリカへの強い批判がこめられていると見られるだろう．それは386世代が1990年代に新たな韓国のアイデンティティを立ち上げていく中で，見いだされていった世界帝国としてのアメリカの姿だったと言えるかもしれない．それに対抗することで，南北の合同するヴィジョン，南北合作や南北統一のヴィジョンが打ち出されていったものと考えられる．

おわりに

　2000年代の韓流映画の中には，南北の友情や恋愛を描いたものが多く見られる．韓流映画のブームをもたらした『シュリ』（カン・ジェギュ監督，1999）は北の工作員の女性と南の情報院の男性との恋愛を描いたものであったし，『共同警備区域JSA』（パク・チャヌク監督，2000）は北朝鮮の兵士と韓国の兵士が国境を越えて友情を築く物語であった．そのような南北合作や南北統一のヴィジョンの中でアメリカはかなり敵対的な視線によって眺められている．

　386世代の代表的監督であるポン・ジュノの『グエムル　漢江の怪物』（2006）の中ではアメリカ軍の上官は韓国人部下にほこりが溜まっているという気まぐれな理由からホルムアルデヒドという毒物を漢江に流させ，そこに怪物を出現させた主体として描かれている．それを寓喩として考えれば世界にグローバリズムという毒物を流し込むことによって怪物を出現させた主体としてアメリカが捉えられていると言ってもいいだろう．

　そのように386世代の韓国人にとってポストコロニアルな韓国のアイデンティティを立ち上げる中でアメリカというグローバリズムの帝国は強い批判の対象となっていくのである．〈戦後〉初期の「永遠の友邦」や「血で結ばれた血盟」といったアメリカ表象から民主化を経て韓国のアメリカ認識は劇的に変化していったが，それは韓国自身のポストコロニアルなアイデンティティの立

ち上げと並行し，表裏一体のものであった．冷戦下で長く抑圧されてきた４・
３事件や光州事件などの負の記憶や，反共主義の中で非人間化されてきた北朝
鮮の民衆たちとの連帯が映画的表象として語られるようになるのと並行して，
アメリカは〈戦後〉の冷戦体制や朝鮮半島の分断をもたらした主体として認識
されていくようになる．そしてそのような韓国のポストコロニアルなアイデン
ティティの更新は，現在の文在寅政権の下で北朝鮮との合作や連帯の追求とい
う形で，まさに現在進行中の過程にある．アメリカはそのような韓国のアイデ
ンティティをめぐる更新と葛藤のドラマの中でとりわけ核心的な位置を占めて
いたのである．

注

1）「戦後」という用語は韓国の1945年以後を指す用語としては適切ではなく，韓国では
　主に「解放後」と呼ばれるが，本章では日本との共時的な関係を示す意図もあって「戦
　後」という用語を用いることにする．また，第二次大戦後という意味を強調したい場合
　には〈戦後〉というようにカッコを使用する．

2）この事件は長くにわたってタブー視され真相が究明されてこなかったが，1987年の民
　主化以後，真相究明特別法が制定され徐々に究明が進んでいる．在日作家の金石範は持
　続的に４・３事件を扱った作品を書いており，大作『火山島』がその代表作である．日
　本に済州島出身の在日コリアンが多いのは，この事件を避けて亡命した者が多いためと
　言われる．

3）中国ではこの志願軍は「抗美援朝義勇軍」と呼ばれた．

4）例えば文鮮明が出資し，アメリカ人のキャストで作った1981年の映画『インチョン』
　や2016年のイ・ジェハン監督による『仁川上陸作戦』（日本での題名は『オペレーション・
　クロマイト』）などを挙げることができる．

5）2001年５月に『受取人不明』の公開に先立ち報道機関に送られたキム・ギドク監督の
　インタビューによる．出典は MAX MOVIE http://news.maxmovie.com/1000，2019年
　３月28日閲覧．

第9章　ゾンビ
——アポカリプス的世界観から生み出される未来への希望——

梁　姫淑

は じ め に

　ゾンビとは何だろうか．元来，ハイチ共和国におけるヴードゥー教の呪術師によって蘇らされた死体を意味するゾンビは，1960年代にアメリカで起きたカウンターカルチャー（公民権運動やベトナム戦争反対など）現象の１つとして知られ，1980年代を通しては，マイケル・ジャクソンの「スリラー」（1982年）に代表される，ポップカルチャーを代表するアイコンの１つとして長年愛されてきた．特に21世紀におけるゾンビ映画のブームは著しく，1932年から2002年までのゾンビ作品は約350本だったのに対し，2002年から約10年足らずの間に公開されたゾンビ映画の数は300本を超えている[1]．

　この結果に大きな影響を及ぼしたのは，日本で作られたゲーム「バイオハザード」（1996年）の成功である．ゲーム「バイオハザード」の人気に伴って，映画『バイオハザード』（2002年）や『28日後...』（2002年），続けて『28週後...』（2007年）などが公開され，2013年には『ワールド・ウォーZ』が世界興行収入５億8000万ドルを超える大ヒットを収めた[2]．

　このようなゾンビブームは，欧米だけに留まらず，韓国では『新感染 ファイナル・エクスプレス』（2016年）が，日本では『アイアムアヒーロー』（2016年），『カメラを止めるな』（2017年）などが次々と公開され，それぞれ高い人気を得ている．このようにゾンビというアイコンは全世界的にブームを巻き起こしていると言っても過言ではない．では，なぜ人々はゾンビに興奮し，さまざまな分野でゾンビを商品化しているのだろうか．

　ピーター・デンドル[3]は，「文化不安のバロメーターとしてのゾンビ」（The Zombie as Barometer of Cultural Anxiety）に着目して，ポップカルチャーにおけるゾンビブームは，人々が自分自身を守ることも，自力で生き残ることもできないという現実に対する不安感をゾンビを通して表していると述べている．このように，ゾンビに関心を持つ研究者の多くは，「生ける屍」であるゾンビに内在されている「自由意志の喪失」，あるいはゾンビウィルスの感染によって演出される「アポカリプス的世界観」の意味を，それぞれ論者の立場から，アイデンティティの喪失，伝染，気候変動など，同時代における社会的不安から説明する場合が多かった．しかし，このようなアプローチは，ゾンビが担う社会的懸念の一部を明らかにすることはできても，ゾンビそのものの本質と時代によって変化していくゾンビの多様性を理解するには不十分である．

　本章では，まずゾンビにおける歴史的，文化的概念を概観しながら，「モンスター」としてのゾンビが持つ個性と，「不安のバロメーター」としてのゾンビの役割を明らかにしたい．さらに，ゾンビ物語の集大成とも呼ばれるアメリカのドラマ『ウォーキング・デッド』の内容分析を通して，この作品のなかに取り組まれているメタファーを21世紀のアメリカ社会と照らし合わせながら，ゾンビによって演出されるアポカリプス的世界観に託されている新たな意味を明らかにしたい．

1　モンスターとしてのゾンビの誕生

　モンスターの語源は，ラテン語の Monstrum（前兆・警告の意味）に由来している．中世のヨーロッパでは，政治的・宗教的不安や内乱，災害が深刻な場合は，モンスターは神の怒りの表象，もしくは不吉な前兆，嫌悪する対象として認識された[4]．

　人間とは違う奇怪な外見をしているモンスターは，人々に異質な存在として認識され，異状で異質的なものに襲われる恐怖感を抱かせた．このような人間の恐怖心理をうまく反映させたのがホラー映画である．

　1920年代後半に実現したトーキー映画技術によって，叫び声や効果音など，観客の恐怖を掻き立てる演出が可能になると，ハリウッドでは短期間に『フラ

ンケンシュタイン』（1931年），『魔人ドラキュラ』（1931年），『ジキル博士とハイ
ド氏』（1931年），『ミイラ再生』（1932年）などの映画が製作された.

　福永保代[5]は，1930年代のモンスターブームについて，「1920年以来の禁酒法
時代におけるギャングの台頭や，大恐慌に続く未曾有の経済不況といった社会
不安」などが当時ホラーを歓迎する背景であったと指摘して，これに伴う社会
制度の揺らぎと価値観の喪失が，破壊的なモンスターを待望するようになった
と述べている.

　このような時代背景のなかで，いわゆるヨーロッパ発祥の「3大モンス
ター[6]」の吸血鬼，フランケンシュタイン，そして狼男は，すぐさまホラー映画
の重要なコンテンツとして浮上して映画化された. しかし，観客は今まで以上
のスリルを感じさせてくれる新しいモンスターを求めていたため，ハリウッド
はゾンビという新しいモンスターの参入を可能にしたといえる.

　元来，ハイチ共和国におけるヴードゥー教の呪術師によって蘇らされた死体
を意味するゾンビは，ウィリアム・シーブルックの紀行文『魔法の島[7]』によっ
て，その存在が全米に知られるようになった. シーブルックは，呪術師によっ
てまるで機械のように働くゾンビの様子について，盲目ではないものの，焦点
の定まらない虚ろな死人の眼をしていたと述べている[8]. 当時のハイチではボ
コールと呼ばれるヴードゥー教の神官たちがいて，死んだ犯罪者の遺体に呪術
をかけて蘇らせ，奴隷として働かせた. 自分の意志を持たないゾンビは，疲れ
を知らず，食料も必要とせず，体が使いものにならなくなるまで，呪術師の命
令に従い機械のように働いたという.

　このようなゾンビの存在は，当時のホラー映画の人気と相まって一躍ブーム
を巻き起こした. そして，1932年にはハルペリン兄弟によって世界初のゾンビ
映画『ホワイト・ゾンビ』が制作された.『ホワイト・ゾンビ』は，主演俳優
であるベラ・ルゴシの知名度とゾンビという新しいモンスターの珍しさが話題
を呼び，予想以上の大成功を収め，続けて多数のゾンビ映画が製作された. し
かし，初期に製作されたゾンビ映画は，ハイチ・ゾンビを伝承している場合が
多く，邪悪な呪術師によって魂を奪われ，思いのままに操られる哀れなゾンビ
が多く描かれていた. つまり，当時のゾンビ映画における恐怖とは，ゾンビに
襲われる恐怖というより，不気味な呪術師によってゾンビにされてしまうこと

への恐怖が大きかったと言える。⁹⁾

　一方，当時のホラー映画で人気を得ていた他のモンスターたちは，ハイチ・ゾンビと違って直接人間に被害や恐怖を与える存在であった．狼男は，満月の夜になると鋭い牙を光らせる醜いモンスターに変異して人々を殺めるし，映画『フランケンシュタイン』における不気味な容貌のフランケンシュタインは，死体から蘇ったとたん周りの人をむやみに殺す狂気的なモンスターであった．悪魔的な恐怖感を抱かせる吸血鬼も同じ事が言える．

　吸血鬼は，東ヨーロッパにおける異端者や犯罪者，あるいは自殺者などが悪魔に魂を売ったせいで神に捨てられ，太陽が光る昼には行動できず，暗闇のなかで人間の血を吸い取って生き続ける悪魔的な存在として認識されていた．その為，欧米では伝染病などが流行すると，吸血鬼や魔女のせいにして墓から死体を掘り出して燃やしたという．このようにヨーロッパ発祥の「３大モンスター」たちは，それぞれ人間とは違う「異質的なもの」，「狂気的なもの」，「神に捨てられた悪の存在」であり，人間より優れた身体能力を持ち，人間が異質なものに襲われる恐怖感を与えた．

　一方，ハイチ・ゾンビは前述したように呪術師に命令されない限り，ゾンビそのものが人間を襲ったりはしない．身体条件からしても生きている人間より衰えており，「３大モンスター」に比べるとモンスターとしてのカリスマ性も薄い存在であった．

　このようなハイチ・ゾンビに「３大モンスター」と並ぶ個性を付与したのが「近代ゾンビの父」と呼ばれるジョージ・A・ロメロ（George Andrew Romero, 1940-2017）である．ロメロは『ナイト・オブ・ザ・リビング・デッド』¹⁰⁾のなかで，生前の意識はなく，ただ群れをなして次々と「人間を襲う」，「人肉を食らう」，「襲われたものもゾンビになる」，「頭を破壊しなければ倒せない」といった現在定番となっているゾンビ像を確立させた．

　ロメロ・ゾンビは「生ける屍」という点で，死体から蘇った吸血鬼やフランケンシュタインと通じるところがあるが，神に捨てられた悪魔的な存在でもなければ人為的に作られたものでもないことから，前述した２つのモンスターとは異なっている．ゾンビは死んだにも関わらず無意識のまま生きている人間のように歩き，人間の生理的欲望である食欲に従い動き回る，最も人間を連想し

やすい存在である．なお，エボラウィルスのように正体不明のゾンビウィルス
が短時間に集団や社会的に拡散されることから，政治的混乱や危機を演出しや
すく，社会における根源的恐怖を描き出すのも容易である．

　このようなことからロメロ・ゾンビは，人間との異質さからくる恐怖を売り
にしていた既存のモスターたちとは異なる個性を持ち，さらにそれは個人の内
面から社会問題における不安を表現できる可能性を秘めるものであった．つま
り，ゾンビは「生」と「死」の境界に存在する異質な存在から，人間によって
想像できるさまざまな不安を代弁してくれる「不安のバロメーター」としての
役割へと，変化していったのである．

2　「不安のバロメーター」としてのゾンビ

　ゾンビは，考えも話もせず，音や新鮮な肉だけに反応して，身体の一部分が
破損されてもやめることなく次から次へと人間に襲い掛かってくるため，無数
の群に対する根源的恐怖感を抱かせる場合が多い．

　先行研究では，このようなゾンビ群を「自意識を喪失」した現代人の姿に例
え，文化的，政治的，経済的不安のバロメーターとして解釈する場合が多かっ
た．例えば，マキシム・クロンブ[11]は，文化の代表として，またメタファーとし
てのゾンビの役割に注目して「ゾンビはわれわれに，われわれの不安と恐怖を
見させる」と述べている．

　このような「不安のバロメーター」としてのゾンビが分かりやすく表現され
ていたのが，ロメロの映画『ゾンビ』（原題：ドーン・オブ・ザ・デッド，1978年）
である．『ゾンビ』には，ゾンビの出現によって郊外の大型ショッピングモー
ルに立てこもるようになった主人公たちがゾンビや，物資を狙って攻撃してく
るバイカーギャングと激しいバトルをしていく様子が描かれている．

　まず，この映画で注目されるのは，生前の消費記憶に導かれアメリカの消費
文化を象徴する大型ショッピングモールに群がるゾンビの大群である．死んだ
にも関わらず何かに取り憑かれた病人のようにショッピングモールを動き回る
ゾンビの姿は，資本主義のマスマーケティングや広告によって，購買欲に取り
憑かれていく「マインドレスの消費者」[12]を連想させる．

　さらに，『ゾンビ』には，さまざまな職業（看護師，修理工，宗教者など）を思わせる服装のゾンビが登場して，嘗ては人間だった「隣人」に襲われるという新たな恐怖を生み出すと共に，そのような「隣人」を退治しないと生き延びることができない主人公の葛藤が描かれている．しかし，ストーリーが進むにつれてカメラのアングルは，ゾンビ（死者）と人間（生者）の間で起きるさまざまな葛藤から，人間の欲望からくる狂気的描写へと変わっていった．

　大型ショッピングモールに辿り着いた主人公たちは，モールの物資を独占するために，入口をトラックで塞いで外とのバリケードを作り，無人のショッピングフロアの物資を独占し，ゾンビ狩りを楽しむなどの異常な行動さえ見せる．つまり，『ゾンビ』には無法地帯になった世界のなか，冷静さと正気を失っていく人間が，徐々にゾンビだけではなく人を殺すことにも罪悪感を抱かなくなっていく様子が描かれているのである．

　このような「文明が崩壊」し，「壁を作り」，「資源を奪い合う」という筋立ての物語パターンを，藤田直哉は「ゾンビ・フォーマット」と定義して，この[13]パターンの物語は，「新自由主義社会に生きる主体の内面をある方向に誘導させる政治的な効果を持った『ソフト・パワー』」であると論じた．藤田が言う「新自由主義」とは，「政治による公的な介入を少なくし，民間による自由な競争に委ねる領域を多くするほうが世の中はうまくいくという考え方」である．このような考え方の核心部分をなしている時代精神は，「世界は危機的な状況にあり」，「われわれ／彼らの壁を作り」，「われわれが助かるためには他の人たちが犠牲になるのは構わない」という「排外主義」である．

　『ゾンビ』の主人公たちは，ショッピングフロアからゾンビをガラス張りの外へ追い出し，生者（「われわれ」）と死者（「彼ら」）の「壁」（境界）を作る．さらに，モール内の物資を守るためにバイカーギャングと激しいバトルを繰り広げ，互いに「われわれが助かるためには他の人たちが犠牲になるのは構わない」という「排外主義」を前面に出している．しかし，『ゾンビ』ではこのような「排外主義」を肯定しているわけではなかった．むしろ，モール内の物資をめぐって激しいバトルを繰り広げた両側が，自滅的な行動によってゾンビの餌食にされてしまうことを提示することによって，「われわれが助かるためには他人が犠牲になるのは仕方ない」という歪んだ正義に警鐘を鳴らしているのである．

　日本映画のライター兼映画監督であるノーマン・イングランド[14]は,『ゾンビ』が上映された1970年代におけるアメリカの世相を回想しながら,『ゾンビ』は当時の若者が抱いていた「内なる不安をそのまま形にしたような映画だった」と想起する. つまり, オイルショックやインフレなどの経済混乱, 規制される個人の自由など, とにかく社会に順応しその一員となることが求められていた時期, ゾンビによってすぐさま壊れていく社会の様子は, 今まで社会を繋げていた見えない糸が如何に脆くて不安定なものであったかを示してくれたのである.

　このように, ロメロが生み出した想像の世界は, 先の見えない行き詰まった不安な世界観をゾンビというあまりにも我々に近い物体を通して示してくれた. さらに, カオスのような状況のなかで, 正気を失っていく人間同士の対立を描くことによって, ゾンビが世界を終わらせるわけではなく, 人間の貪欲さこそが文明を破壊に追い込んでいくことを示し, 全世界に満ちる混沌や不条理をどう見るか, その見方や感性の在り方を提示してくれたのである.

　ロメロによって提示された「不安のバロメーター」としてのゾンビは, 以後時代やジャンルを問わずさまざまな場面で商品化され, 映画やドラマ, アニメ, 漫画, ゲームなどにおいて, 時代精神をリードしていくアイコンの1つとして成長していった. その中でも, ゾンビによる世界の終末を描いているドラマ『ウォーキング・デッド』(2010年10月31日から現在まで放映中) は, アメリカの TVドラマ史上最高の視聴率を獲得し, それ以後も自らの視聴率を次々と更新するなど, 全世界的に高い人気を得ている.

　『ウォーキング・デッド』が, 「アメリカ同時多発テロ事件」(2001年9月11日) があった翌年から制作が始まったことを考えると, この作品で描かれているゾンビによるアポカリプス的世界観は, 時代精神を鋭く反映していると考えられる[15].

　次章では,『ウォーキング・デッド』の内容分析を通して, 廃墟とゾンビだらけの不安に満ちた世界の中で, 人々がどのように希望を見出していくのか, そのメタファーの意味を同時代のアメリカ社会と照らし合わせながら考えてみよう.

3　21世紀におけるゾンビの役割

　ここで改めて，ドラマシリーズ『ウォーキング・デッド』について紹介して
おこう．『ウォーキング・デッド』は，ロバート・カークマンによって書かれ
たコミックシリーズ『ザ・ウォーキング・デッド』（*The Walking Dead*）を原作
としている．

　原作者であるロバート・カークマンは，[16]「良質のゾンビ映画は，人間がどれ
ほどイカレているかを示し，社会におけるわれわれの立場…世界におけるわれ
われの社会の立場に疑問を呈する」と言って，極限状況における人間の言動お
よびそのようなできことが人間をどのように変化させていくのかを主人公であ
るリックの成長を通して描くことがこの作品の狙いであると述べた．制作側が
言う通り，『ウォーキング・デッド』には，主人公のリックが率いる少人数グルー
プが，内側に人種的多様性を抱える一方で，外側にはゾンビという脅威的存在
から命の危機を感じながら安住の地を求めて旅を続ける様子が描かれている．

　この作品でまず注目されるのは，政府や統治機構が機能しない状況のなかで，
登場人物たちが生きるためのさまざまな判断や選択を余儀なくされていたこと
である．ゾンビによるアポカリプス的世界観の演出には，まずこのような無法
地帯における人間の行動を観察しやすいという特徴がある．登場人物たちは，
弱肉強食の野蛮な社会に逆戻りし，時には他人の命を奪う行為も躊躇しない．
そして，腕力のある者の価値判断がそのまま法と正義になっていく．

　このような展開は，ハリウッドで製作されたスーパーヒーローの物語とはだ
いぶ違う正義の価値観を見せてくれる．『スーパーマン』や『キャプテン・ア
メリカ』などのスーパーヒーローたちは，主に国家や人類の安全を脅かす共通
の敵を悪の存在として捉え，そのような悪の存在を倒すのが正義の在り方とみ
なしていた．

　一方，『ウォーキング・デッド』では，ゾンビを必ず倒すべき悪の存在とし
ては見ていない．ゾンビは嘗ての家族や隣人でもあり，登場人物たちは襲って
くるゾンビとそうでないゾンビを区別して対処しているだけである．しかし，
人間に対してはゾンビよりも厳しい眼差しが向けられ，利害を同じくする人

と，そうでない人の間で激しいバトルが繰り返されていた．つまり，スーパーヒーロー物語が正義と悪の構図を作って，勧善懲悪を描いているのに対し，ゾンビ物語はより自発的で個人的な判断による正義の問題に焦点がおかれているのである．

このような正義の在り方に対する問題は，『ウォーキング・デッド』における主人公の成長過程にも大きな影響を与えていた．元保安官のリックは，世の中が無法地帯に変わってからも既存の秩序や体制に基づく行動をするが，度重なる境遇のなかで徐々に仲間や自分自身を守るためには，誰かにやられたらやり返す，いや，やられる前に行動せねばならない，という独裁的なリーダーに変貌していく．しかし，このような敵対意識は報復の連鎖を招き，リックは守るべき多くの仲間や家族を失ってしまう．つまり，このドラマではさまざまな極限的状況における選択の一つひとつがどのような結末に繋がっていくのかを主人公や登場人物たちの生き様を通してあらわしているのである．

このような主人公に，これまでの負の連鎖を断ち切り，今まで失ったものを未来に繋げていくべきだと気づかせてくれたのは，他ならぬ息子のカールであった．ゾンビに噛まれて死の淵に立たされたカールは，1 通の手紙を残して，復讐にまみれ殺し合うのではなく，互いの命を尊重しあえるように，相手を殺さなくても安心できる未来をつくるために敵と和解し，前に進むべきであることを切実に語ったのである．このような展開は，視聴者に「人間の尊厳」や「正義」に対する思考を喚起させるだけではなく，現在自分が属している社会問題にまで疑問を投げかけていたに違いない[17)]．

さらに，『ウォーキング・デッド』には，カールの手紙からもわかるように，生存者たちが目先の利益のために睨み合うのではなく，互いの痛みを慰め合い，新たな一歩を踏み出さなければならないというメッセージをも残している．なお，そのような新しい未来を切り開くためには人種の壁を越える人間同士の「愛」が必要であることが示されているのである．

これを裏付けるものとして『ウォーキング・デッド』には，アジア人と白人や白人と黒人，そしてゲイカップルなど，不思議に思えるほど多様なカップルが登場し，シーズンを重ねるたびにその存在感を増している．このような異なるルーツや生活スタイルをもつ構成員の結合から，新しい関係や未来が生まれ

ていくことに注目していくと，このドラマにおけるメタファーを読み取れるのではないだろうか．

　つまり，人種や同性婚など，今日の社会における新しい関係の在り方について問いかけているのである．このような問いかけは，多様な人種を抱えているアメリカにとって，避けて通れない重要な課題であることは否めない．

　元よりアメリカの映画やドラマには，人種間に生じている差別や偏見を戒め，寛容と多様性の重要さを強調するものが多かった．1966年から放映されたテレビドラマシリーズ『スター・トレック』もその１つである．『スター・トレック』の時代背景は作品ごとに違うが，おおむね22世紀から24世紀の未来を描いている．作品のなかの地球人は習慣や価値観が異なるさまざまな異星人と交流しながら，見た目や無知からくる偏見や差別がない未来を表現し，人種差別問題が浮き彫りになっていた1960年代に大きな反響を及ぼした．

　しかし，『スター・トレック』で表現されている異星人との関係は，あくまでも「フレンドシップ」のようなものであり，『ウォーキング・デッド』のようにより密接なカップルや家族関係にまで発展していない．つまり，『ウォーキング・デッド』では，異なるルーツをもつ生存者たちが家族という最も結束力が強い関係に再構成されていく過程が描かれているのである．このような人種を超えた強い絆への表現に隠されている真意は，日増しに深刻化していく人種間の深い溝を越えて，より良い人間関係を作らなければならないという強い願いによるものであろう．

　アメリカでは近年，国内外的に過激な発言を繰り返すドナルド・トランプが白人男性労働者たちの支持のもと，大統領選挙（2016年）で勝利し，ますます人種的・民族的・政治的分極化が進んでいる．特に，「白人至上主義者」と呼ばれる過激グループによるユダヤ人や黒人，そしてヒスパニックなどに対する犯罪（ヘイトクライム）が増えて，今まで以上に人種間の葛藤が深まっているのが現状である．[18]

　このような時代背景を踏まえて考えると，『ウォーキング・デッド』における人種を超えた強い絆の展開は，今日における偏見や差別，そして結果として生じる憎しみを乗り越え，家族のようにより強い人間関係を築かなければならないというメッセージとして受け止めることができる．

　ゾンビによるアポカリプス的世界観は，このような人間関係の再構築を促す装置として用いられ，人間の尊厳や道徳，そして正義に対する意味を探究させる役割を果たしている．このような役割は，21世紀の現代，さまざまな困難や不安を乗り越えて前に進みたい人々の願望のあらわれであると言っても過言ではないだろう．即ち，今日におけるゾンビによるアポカリプス的世界観の演出には，現代人が抱いている社会的な不安を希望に繋げていく仕掛けとしての役割が担わされているのである．

おわりに

　本章では，ゾンビにおける歴史的，文化的意味を概観しながら，「モンスター」としてのゾンビの誕生をはじめ，「不安のバロメーター」としてのゾンビの役割を考察した．さらに，現在も高い人気を得ているドラマ『ウォーキング・デッド』の内容を同時代のアメリカ社会と照らし合わせながら分析して，ゾンビによって演出されるアポカリプス的世界観に託された希望のメッセージを読み取ることができた．

　ゾンビは，1930年代におけるホラー映画の人気と相まって一躍ブームを巻き起こした．このようなゾンビに「3大モンスター」と並ぶ個性を与え，現在定番となっているゾンビ像を確立させたのがロメロである．ロメロ・ゾンビは，アメリカの70〜80年代における不安な社会像と密接な関係を持っており，ゾンビによって既存の秩序がより深い絶望的な状況になって行く過程を描写することで，不確実で不安な未来を極大化させた．

　一方，『ウォーキング・デッド』は，ゾンビによるアポカリプス的な世界観を強調してはいるものの，絶望的な状況のなかで悩みながらも前に進もうとする生存者たちを通して，未来に一縷の望みを託している．このようなストーリーの展開は，決してハッピーエンディングの明るい未来を暗示するものではないが，視聴者に自らの選択の一つひとつが未来に繋がっていくこと，即ち不確実性に満ちている現実から目をそらすのではなく，向き合っていかなければならないことを訴えているのである．

　21世紀は，以前にも増して核戦争のリスクや気候変動による地球温暖化，そ

して AI などのテクノロジーによるさまざまな問題（脅威）がすでにリアルな
ものとして我々の眼前に迫っており，グローバルなレベルの協力が不可欠に
なっている．にもかかわらず，現世界における政治，経済，社会の情勢は逆方
向と言ってもいいほど自国の安全や利益のみを優先していて，ますます先進国
と発展途上国の間で格差が拡大している．このような格差は，新興感染症やテ
ロリズム，移住の問題など，さまざまな問題を引き起こしているのが現状であ
る[19]．

　『ウォーキング・デッド』では，このようなグローバル的な問題をゾンビウィ
ルスの蔓延による社会的混乱や利害が異なるグループ同士の対立，そして安住
の地を求めて旅をする主人公たちを通して見事に表現している．さらに，極限
的な状況における人間の愚かな行動やそれによる不幸の連鎖をあらわすこと
で，世界を破滅に追い込むのはゾンビではなく人間の行動によるものであるこ
とを示しているのである．

　このように，不安な未来に対するさまざまな可能性を予測して示すことには，
そのような恐怖が現実にならないように，一人ひとりが社会の構成員としての
責任や役割を自覚して行動しなければならないことを強調するためであろう．

　21世紀のゾンビ物語は，我々が直面しているさまざまな不安をゾンビによる
アポカリプス的世界観を通して示し，どんなに今の状況が酷くても，これから
訪れる未来に希望をつなげたいという願いと，我々が本当に求めているのは共
に生きていく平和な世界であることを訴えているのではないだろうか．

注

1）伊藤美和『ゾンビ映画大マガジン』（洋泉社，2011年）：17.
2）https://www.boxofficemojo.com/movies/?id=worldwarz.htm（2019年7月28日閲覧）.
3）Peter Dendle, "The Zombie as Barometer of Cultural Anxiety," *Monsters and the Monstrous: Myths and Metaphors of Enduring Evil* (Amsterdam and New York: Rodopi, Amsterdam 2007) : 54.
4）風間賢二「来るべき『ポップ・モンスター論』のための覚書」（『ユリイカ』1999年5月）：86-94.
5）福永保代「ゾンビ映画のヒロインたち——まなざしが捉えるモンスターの本質」（『フェリス女学院大学大学部紀要』2016年3月）：141-165.

6 ）風間賢二は,『ホラー小説大全』（角川書店〔角川選書〕, 1997年）の「まえがき」で,
　　現代の 3 大モンスターとして, 吸血鬼, フランケンシュタイン, 狼男を挙げている.

7 ）ウィリアム・B・シーブルック『魔法の島』（林剛至訳, 大陸書房, 1969年）.

8 ）ウィリアム・B・シーブルック（1969年）：101.

9 ）地引雄一「ヴードゥー・ゾンビとモダン・ゾンビ」伊藤美和『ゾンビ映画大辞典』（洋
　　泉社, 2003年）：83.

10）『ナイト・オブ・ザ・リビング・デッド』は, ロメロの劇場用映画デビュー作（1968年）
　　である. ロメロはこの作品で, 死者が蘇り生者の肉を喰うという「ゾンビ」の新しい定
　　義を作り, ホラー映画の新たな可能性を切り開いた.

11）マキシム・クロンブ『ゾンビの小哲学　ホラーを通していかに思考するか』（武田宙也・
　　福田安佐子訳, 人文書院, 2019）：21.

12）Dendle, 51.

13）藤田直哉『新世紀ゾンビ論』（筑摩書房, 2017年）：38.

14）ノーマン・イングランド「ジョージ・A・ロメロについて／ロメロ・ファンとしての
　　人生」伊藤美和／山崎圭司『ジョージ・A・ロメロ　偉大なるゾンビ映画の創造者』（洋
　　泉社, 2017年：292, 293）.

15）Kyle Bishop, "Dead Man Still Walking," *Journal of Popular Film and Television*,
　　Volume 37, 2009: 16.
　　　ビショップは,「アメリカ同時多発テロ事件」以来, これまで以上にゾンビ映画の人
　　気が高まったことを指摘して, ゾンビ映画と 9・11以後の文化的意識は関連性が高いと
　　指摘している.

16）ロバート・カークマン「まえがき」風間賢二訳『ウォーキング・デッド』（飛鳥新社,
　　2011年）： 3 .

17）実際,『ウォーキング・デッド』は, アメリカがイラクを「悪の中枢」と定め, 正義
　　の名の下でイラク戦争（2003年 3 月20日～2011年12月18日）を起こしたにもかかわらず,
　　大量破壊兵器の発見に至らず, 全世界から非難を受けていた時期と重なって上映されて
　　いた. このことを考えると, 視聴者はこのドラマを通して国が唱える「正義」の矛盾性
　　を感じることができたと考えられる.

18）Joseph De Avila, "Hateful Propaganda From White Supremacists Spreads," *The Wall
　　Street Journal*, 6 March 2019.（https://jp.wsj.com/articles/SB1090548561091612409080
　　4585163051190835996, 2019年 7 月28日閲覧.）

19）ジャレド・ダイアモンド「資源を巡り, 文明の崩壊が起きる」大野和基『未来を読む』
　　（PHP 研究所〔PHP 新書〕, 2018年）：38.

第10章　司馬遼太郎が見たアメリカ
──比較文化心理学・文化心理学・異文化マネジメントの観点から──

金子　淳

は じ め に
──背景と問題提起──

　司馬遼太郎（1923-1996）は，多くの歴史小説やエッセイを書いた．ほとんどが日本やアジアを扱っている．しかし，興味深いことに，アジア以外について書いた書物が，わずかだがある．『アメリカ素描』（1986年）は，その１つである．出版以来，『アメリカ素描』は好評を博してきた（亀井，阿川）．しかし，概ね好意的であるものの，内容の不備を指摘する批評や，アメリカ研究の専門家でないゆえ理解が不十分である，という批判もされてきた（大塚）．本章では，両者の議論に直接，関わることはしない．別の視点から分析・考察し，司馬がどれだけ的確にアメリカ文化を捉えていたか，検証することとする．具体的には，比較文化心理学・文化心理学・異文化マネジメントの観点，すなわちエドワード・ホール（Edward. T. Hall, 1914-2009），ヘールト・ホフステード（Geert Hofstede, 1928-2020）の流れを汲む，エリン・メイヤー（Erin Meyer, 1971-）の指標を用いて，『アメリカ素描』を分析・考察する．（なお，司馬は『アメリカ素描』において，独自の定義で「文化」と「文明」について語っている．しかし，本章では一般的な意味で「文化」という語を用いる）．

1　『アメリカ素描』の研究史について

　『アメリカ素描』は，「紀行エッセイ」（岩見，5 - 6 ）である．「昭和59年（1984

年）6月20日から7月5日に米国西海岸，昭和60年（1985年）6月21日から7月13日まで東海岸を夫人同伴で取材」(岩見. 5-6）したことが基になっている．『アメリカ素描』の研究史は，すでに拙論「司馬遼太郎とスタインベック——なぜ，『アメリカ素描』に，スタインベックが頻出するのか——」で詳細に述べているため，ここでは繰り返さない．簡単にまとめるなら，「はじめに」でも述べたが，肯定的評価と否定的評価があり，前者の考えが通説となっている（金子「司馬」. 343-46.）.

2　分析方法
——比較文化心理学・文化心理学・異文化マネジメント——

2.1.　分析方法

　上記の肯定的評価と否定的評価には，共通した欠点がある．なぜなら，双方とも，あくまで論者の主観的な主張に過ぎず，客観的な理論・基準で分析・検証した結果，得られた所見ではないからである．もちろん，両者の方法論を否定しているわけではない．しかし，そのアプローチの場合，水掛け論になる可能性がある．

　それゆえ，ここでは，客観的な理論・基準として，社会心理学（Social Psychology）の一種，比較文化心理学（Cross-Cultural Psychology），文化心理学（Cultural Psychology），異文化マネジメント（Cross-Cultural Management）の知見が反映された指標を用いることにする．これらの分野は，文化の相違を定量的に調査し，数値化し，表や図で可視化することにより，文化間の相違を理解し易くしている．具体的には，ホールを祖とし，ホフステードの流れを汲む，メイヤーの8つの指標を用いる．メイヤーの指標を用いるのは，ホール，ホフステードの研究を受け継ぎ，もっとも最新の知見が反映されているからである．

　メイヤーは，*The Culture Map*（『異文化理解力』田岡恵監訳 樋口武志訳 英治出版 2015年）において，各国の文化の違いを明確にするため，8つの観点から数値を収集した．それらは，①「コミュニケーション」（Communicating），②「評価」（Evaluating），③「説得」（Persuading），④「リード」（Leading），⑤「決断」（Deciding），⑥「信頼」（Trusting），⑦「見解の相違」（Disagreeing），⑧「スケジューリング」（Scheduling）である（以下，日本語訳は上述の和書による）．これらの指標の作成過

程は次のようになる．例えば，⑧「スケジューリング」では，「…ドイツ人マ
ネジャーたちに聞き取り調査を行い，ミーティングやプロジェクトや予定表を
組む際に柔軟であることが大切か，系統立っていることが大切か話してもらっ
た．…それぞれの返答は多様なのだが，標準的なパターンというものが現れて
くる．ビジネスでのスケジューリングに関してドイツで許容されている範囲が
釣鐘曲線として現れ，一番高くなっている部分が回答を最も多く集めた地点で
ある」（図1を参照）．「…例外的な人も少しはいるだろう…が，そんな彼らの振
る舞いは，標準的なドイツ人の意見からすれば，不適切で，受け入れ難いか，
少なくともドイツのビジネス文化としては理想的でないと見なされる．このよ
うに分析をしていき，それぞれの指標で各国を位置づけた．そしてその後で，
多国籍チームを率いる何百人ものエグゼクティブたちからフィードバックをも
らって位置を調整した」（Meyer, 19）．そして，収集したデータ（図1）を，図
2のようにまとめた．彼女はそれを「カルチャー・マップ」（culture map scale）
と呼んだ（Meyer, 18）．

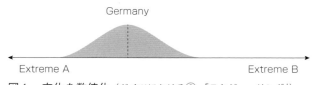

図1　文化を数値化（ドイツにおける⑧「スケジューリング」）
出典：Meyer, 19.

図2　⑧「スケジューリング」
出典：Meyer, 227.

2.2.　分析方法の必要性と許容性

　ただし，メイヤーの「カルチャー・マップ」で分析する際，その妥当性につき，2つの懸念が生じるかもしれない．

　1つめは，「カルチャー・マップ」のもとになっているデータは，各国のビジネス・マネージャーの聞き取り調査に基づくものであり，その国の国民全体を表しているものではない，という批判である．厳密に考えればその通りである．ただ，その場合，突き詰めれば，そもそも，ある国の国民全体とは何なのか，そして，そのような正確なデータを収集することが可能なのか，という議論まで行き着く．正確さや厳密さにこだわり過ぎると，現実的に，測定不可能になる．それを考慮するなら，たとえ，ビジネス・マネージャーといえども，彼らが属する国の文化に影響を受けていないはずはなく，彼らの言動は，属する国の文化を体現していると考えても差し支えないだろう．ならば，もちろん，細心の注意は必要であるが，文化を測定・比較するという必要性を重視するなら，この分析手法を用いることは十分許容されると考える．

　2つめは，「カルチャーマップ」が作成された年代と，司馬がアメリカを訪れた年代が異なる点である．メイヤーの著書は2015年に出版されている．一方，司馬がアメリカを訪れたのは1984年であり，『アメリカ素描』が出版されたのは1986年である．メイヤーの指標が作成された年代と，『アメリカ素描』が出版された年代の差は，およそ20年から30年になる．確かに理想を言えば，分析対象の文章が書かれた年代と，分析手段が作成された年代が，同時期であることが望ましい．しかし，この種の研究で，双方がまったく同時期というケースはきわめて稀であると言わざるをえない．

　そもそも文化を，どのように捉えるかにもよるが，その1つに「文化本質主義」という考えがある（古家）．「文化の特徴を不可変的なものとしてとらえ，そこに属している人々の行動や認知が一様にその文化的特徴によって規定されるとする考え方」である．この考え方は「文化の可変性や多層性が見落とされてしまう危険性があ」り，「文化比較の際に…文化間の力関係がみえにくくなる」という否定的な側面を持つことは避けられない．しかし，一方で「特定集団に共有される文化には，その特徴を維持している象徴的体系が存在しているはずである．この象徴的体系を探り，その一貫性や整合性に着目した類型としての

文化比較もまた意味のある行為であ」るという肯定的な面もある．したがって，上記を考慮し，文化には変わる部分もあるが，変わらない部分もあるということを念頭に置くならば，許容される余地があると考えられる．

　よって，上記２つの懸念があるものの，検討した結果，分析手段として用いる必要性と許容性があると考える．

3　分　　　析

3.1.　①「コミュニケーション」

　まず，「コミュニケーション」の観点から，『アメリカ素描』を分析する．「コミュニケーション」は，ホールが提唱した「コンテクスト」（context）に由来する．「コンテクスト」とは，「言語学では語句，文の理解に必要な前後関係，文脈などを指」し，「…物理的な環境だけでなく，コミュニケーションの場にいる人々の数やこれまでの人間関係，コミュニケーションの目的，人々の文化的背景なども含む．これらは相互に関連しあい，メッセージの記号化や記号解読の結果に影響を与える」（鈴木）とされる．コンテクストの程度が高いことを「ハイ・コンテクスト」，程度が低いことを「ロー・コンテクスト」と呼ぶ．「ハイ・コンテクスト」の文化では，「良いコミュニケーションとは繊細で，含みがあり，多層的」であり，「メッセージは行間で伝え，行間で受け取る．ほのめかして伝えられることが多く，はっきりと口にすることは少ない」．それゆえ，「…聞く側に行間を読むことが求められる」（Meyer, 31）．一方，「ロー・コンテクスト」の文化は「良いコミュニケーションとは厳密で，シンプルで，明確なものである．メッセージは額面通りに伝え，額面通りに受け取」り（Meyer, 39），「ハッキリと自分の意見を口にし，そのメッセージを理解するのに必要な背景知識や詳細をすべて伝えようとする」（Meyer, 34）．

　ちなみに，メイヤーに影響を与えた，ホールの「コンテクスト」という概念に対し，近時，異論が出ていることに触れなければならない．ペーター・W・カードン（Cardon, Peter W.）は，2008年の論文 A Critique of Hall's Contexting Model: A Meta-Analysis of Literature on Intercultural Business and Technical Communication で，ホールのコンテクストを統計的に検証した結果，各国の

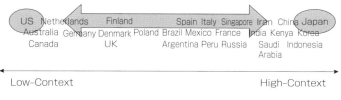

図3　①「コミュニケーション」
出典：Meyer, 39.

文化に有意差は見られなかったとしている．しかし，この見解は，現時点では，まだ通説として評価されるまでには至っていない．それゆえ，ここでは，従来通り，ホールのコンテクストを継承したメイヤーの指標に沿って，分析を進めることとする．

　図3は，国別にコンテクストの度合いを示している．位置も重要だが，文化の相対性も理解しておく必要がある（Meyer, 22）．例えば，イギリスはカナダよりコンテクストが高いが，ロシアよりも低い，となる．日本はもっとも右側に位置し，アメリカはもっとも左側にある．すなわち，日本はもっともコンテクストが高い文化に属し，アメリカはもっともコンテクストが低い文化に属しているのである．ゆえに，日本とアメリカの差は，他の国々よりも，もっとも大きいと言える．これだけ，コンテクストの程度に開きがあれば，コミュニケーションにギャップが生じることは想像に難くない．『アメリカ素描』では次のように描写される．「…アメリカ人の多くは，相手の心を察する能力（または感覚）に富んでいますか，ときくと，「その感覚は，日本人において強く，アメリカ人において弱いです」と，教授はいった．…「アメリカ人の場合，自己を表現するということを，母親や学校から徹底的に教えられます．…そのため，相手の心を察する感覚が弱くなっているのです」歴世，日本の対米外交はこの苦痛に耐えてきた．日本人たちは，この相手との議論の場で負けると，ついにいろいろ愚にもつかぬ（とアメリカ人は思う）事実・事情群をとりだしてきて，「あとは察してくれ」と，微笑する．しかし相手の多くは察するという能力を後天的にもっていないのである」（『アメリカ素描』，136）（下線は筆者による．以下同様とする）．そして「察する」という点で，日本人が長け，アメリカ人は弱い，というディー

ン・バーンランド教授の意見に同感し，それについて，私は感想を補足したまでである．…日本人は“察する”ことに長じているために沈黙し，アメリカ人は，この世に“察する”などは存在せぬはずだという“はず”があるために，主題に関する全空間を自分の言語と論理でうずめつくそうとする．そういう両国が，1853年（嘉永六）以来，摩擦をつづけてきたのである」（『アメリカ素描』，139）．ここでは，個人的な人間関係から，国家レベルに至るまで，コンテクストの程度の差から生じる，コミュニケーションの困難さを述べている．

3.2.　②「評価」

次に，「評価」の観点から分析する．すなわち「各文化がどれほど率直にネガティブな批判を行うか」（Meyer, 69）である．つまり，良くないことを相手に伝える際，はっきり伝えるか，遠回しに伝えるか，という違いである．前者は「直接的なネガティブ・フィードバック」，後者は「間接的なネガティブ・フィードバック」とされる（Meyer, 69）．「直接的なネガティブ・フィードバック」は「…単刀直入に，正直に伝えられる．ネガティブなメッセージをそのまま伝え，ポジティブなメッセージで和らげることはしない」（Meyer, 69）．「間接的なネガティブ・フィードバック」は「…柔らかく，さりげなく，やんわりと伝えられる．ポジティブなメッセージでネガティブなメッセージを包み込む」（Meyer, 69）．図4によれば，日本はもっとも右側に位置し，もっとも「間接的なネガティブ・フィードバック」を行う国である．アメリカは真ん中に位置するものの，日本から見れば，比較的「直接的なネガティブ・フィードバック」を行う国である．

この点につき，『アメリカ素描』では，「日本人は，議論はあまりしない．法

図4　②「評価」
出典：Meyer, 69.

廷でもないのに，精密な論理を立てて相手を屈服させたりすれば相手の名誉心まで奪ってしまい，あとあと思わぬ恨みを買う，とすら思っている」（『アメリカ素描』，138-39）とある．相手の意見の弱点を突き，批判することにより，論理的に論破してしまった際，恨みを買ってしまう恐れがある．それゆえ，はっきり言わない傾向がある．これは，日本文化のハイコンテクストと相まって，ハリスが日本人の印象を述べた点によくあらわれている．「ただ日本役人に接した経験として「如才ない逃げ口上，見えすいたウソ，正直の美徳を欠いている」とのみ見，大きな立場から日本という国の文化の特異さを見ようとはしなかった」（『アメリカ素描』，109）．また，交渉について次のように述べている．「インディアンの酋長のように片言隻句を語って，あとは間としてしずかに微笑している．こういう人を，日本ではよくできた人とかお人柄，あるいは器量人というのだが，アメリカなら，「アホだと思われます」と，特派員生活の長かった知人が，…私に注意した．そういわれてもわれわれは，こまるのである．日本では，人前でえんえんと論理を積みあげ，自己の意見を展開するひとを，逆にアホだという」（『アメリカ素描』，138-39）．

3.3.　③「説得」

相手を納得させる方法は，文化によって異なる．「…あなたが説得を試みる方法や説得力があると感じる議論の種類は，あなたの文化の哲学的，宗教的，そして教育的前提や意識に深く根ざしている．…説得の技術はきわめて深く文化と結びついたものなのである」（Meyer, 89）．特に，西洋と東洋では，大きく異なっている．メイヤーは，リチャード・ニスベット（Richard E. Nisbett, 1941~）の考えを踏襲し（Meyer, 107），西洋の人々は「特定的な」（specific）アプローチをとるが，東洋の人々は「包括的な」（holistic）な思考パターンを持つとしている（Meyer, 105）．「西洋の哲学や宗教に通底する考え方として，ある事物を環境から取り出して個別に分析できるという考え方がある」（Meyer, 110）．それゆえ「要求を個別にかなり具体的にした方が良い反応が返ってくる」（Meyer, 112）．東洋では「中国の宗教や哲学は，…古くから相互のつながりや関わり合いに重きを置いている．かつての中国の思想は包括的で，場が行動に影響を与えていると信じられていた」（Meyer, 110）．したがって，「全体像を説明する時

間を取り，互いがいかに影響し合っているかを提示した方がうまくいく」
(Meyer, 112)．メイヤーは，西洋と東洋の思考方法はあまりにもかけ離れてい
るので，1つの指標中に表せないとして，「説得」の指標から東洋の国々を除
外している．それゆえ，ここでは「説得」の指標は掲載しない．いずれにしろ，
日本は包括的・全体的な傾向，アメリカは特定的・個別的・具体的傾向がある
ことになる．これを踏まえるなら，アメリカは対象となる目的を，個別・具体
的に絞る傾向があると言えるだろう．

　この点につき，『アメリカ素描』では，ビジネスを例に述べている．「ビジネ
スには，単純で強烈な目的がある．まずひとびとが機械のように組織をつくる．
その組織が目的のために自分を部品化し，機械化し，全体としてビジネスの目
的を遂げられるように動く」（『アメリカ素描』，365）．また，アメリカで生活する
ことになったベトナム人の青年について「その上目的主義の明確すぎる職業で
あるカメラマンになったのかもしれない．…人間の功利性を大きくみとめ，そ
の追求にチャンスを保証する文明であるアメリカの空気が，かれの目的主義を
いっそうシャープにしてしまったのにちがいない」（『アメリカ素描』，51）と述べ
ている．

3.4.　④「リード」

　「リード」は，ホフステードが「権力格差」（power distance）と定義した概念
に由来する（Meyer, 120）．「権力格差」とは「権力が不平等に行使されるのを
組織の下の者がどの程度許容し期待しているか」（Meyer, 121）である．「「権力
格差が低い」ことを「平等主義」と言い，「権力格差が高い」ことを「階層主義」
と呼」ぶ（Meyer, 125）．「平等主義」は「上司と部下の理想の距離は近」く，「理
想の上司とは平等な人々のなかのまとめ役である．組織はフラット．しばしば
序列を飛び越えてコミュニケーションが行われる」(Meyer, 125)．「階層主義」は，
「上司と部下の理想の距離は遠」く，「理想の上司とは最前線で導く強い旗振り
役である．肩書きが重要．組織は多層的で固定的．序列に沿ってコミュニケー
ションが行われる」(Meyer, 125)．**図5**によれば，日本はもっとも右側に位置し，
アメリカは中間よりもやや左に位置している．すなわち，日本はもっとも階層
主義的であり，アメリカは，日本に比べれば，比較的平等主義的な文化に属し

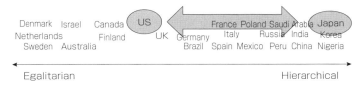

図5　④「リード」
出典：Meyer, 125.

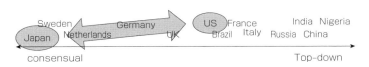

図6　⑤「決断」
出典：Meyer, 150.

ている．日本の階層主義，アメリカの平等について，以下の叙述がある．「…（日本人は）上司に対する下僚の場合，…卑屈が礼儀になっている．…右の店の若い…職人さんたちの容儀，動作，表情は…卑屈さがなく，しかも礼儀正しくて，人間の景色として結構なものだと感じた」（『アメリカ素描』，47）．「アメリカという社会は，多分に法律用語としての「平等」の上に立っている．…日本語の平等は，もともと法律用語でなく仏教語だったことを忘れるべきではない」（『アメリカ素描』，187）．

3.5.　⑤「決断」

　物事を決める際，文化により，2種類の決断がある．「合意志向」と「トップダウン式」である（Meyer, 150）．「合意志向」は，「決断は全員の合意の上グループでなされ」る（Meyer, 150）．「…全員の意見を聞くため意思決定にかなり時間がかかる．しかし一度決断が下されると，実行はとても迅速」である．「全員が関わり，決断は…変更されないからである」（Meyer, 149）．一方，「トップダウン式」は「決断は個人でなされる（たいていは上司がする）」（Meyer, 150）．「意思決定権は個人に委ねられて」いて，「決断は素早く，…ひとりの人間によっ

て（多くは上司によって）下される」．「議論を続けるに従って，新しい情報が持ち出され，違った意見が生まれるため，決断は気軽に修正されたり変更される」（Meyer, 149）．**図6**によれば，日本はもっとも左側に位置し，「合意志向」である．アメリカは図の真ん中に位置するものの，日本から見れば，「トップダウン式」である．

　アメリカで「トップダウン式」の決定が好まれるのは，歴史的背景がある．「アメリカの開拓者たちは…階層主義的構造から逃れてきた者たちで，スピードと個人主義に大きな比重を置」き，「…開拓者としての成功は，誰よりも早く着いて懸命に働くこと」が重要である．「…長過ぎる議論を嫌うようになり，たとえ不十分な情報に基づくものであっても，リーダーか投票によって素早く決断を下すのを好む」（Meyer, 148）．メイヤーは，アメリカ人がドイツ人に対して発言する例を挙げている．「彼らは決断を下すのに何週間もかけるし，…一度決めたら，何としてもそれに固執する．でも世界は常に動いてる．物事は変わっていく．柔軟に決断しなければ，どうやって競争に勝つつもりなんだ？」（Meyer, 147-48）．その結果，素早く決断されることが積み重なり，物事の動きが加速し，変化が激しくなる．「「アメリカは，つねに変わっています．三，四年もゆかないと，以前の印象とちがいます」と，アメリカ通の人が教えてくれた」（『アメリカ素描』, 67）．「アメリカ文明ほど，短時間で変わりやすく，たえず落ちつきなく変化しようとしている文明はかつてなかったのではあるまいか．…フランク・ギブニー氏は，まだ六十を越えていくつという年齢なのに，「僕の若いころのニューヨークは…日本人がよくいう江戸時代だよ」といった」（『アメリカ素描』, 257）．「…アメリカにおける多民族性がなお新鮮で，建国二百年以上をへた国とはとても思えないのである．この社会の若々しさは，この多様さと，さまざまな要因による移り変わりのはげしさにあるのではあるまいか」（『アメリカ素描』, 259）．「ともかくもアメリカ社会は，はげしく変わる．タフにそれを受け容れねば生きてゆけないということを言おうとしているようでもある」（『アメリカ素描』, 261）．

3.6.　⑥「信頼」

　信頼は「認知的信頼（cognitive trust）」と「感情的信頼（affective trust）」があ

る（Meyer, 168）．「認知的信頼」は，「相手の業績や，技術や，確実性に対する
確信に基づ」く「頭から来る信頼」である．「感情的信頼」は「親密さや，共
感や，友情といった感情から形成される．心から来る信頼」である．「タスクベー
ス」は，「認知的信頼」と「感情的信頼」を分けて考え，仕事では「認知的信頼」
を重視する．「関係ベース」は「認知的信頼」と「感情的信頼」を一緒に考え
る（Meyer, 171）．したがって「タスクベース」は「信頼はビジネスに関連した
活動によって築かれ」，「仕事の関係は実際の状況に合わせてくっついたり離れ
たり」する．一方，「関係ベース」は「信頼は食事をしたり，お酒を飲んだり，
コーヒーを一緒に飲むことによって築かれ」，仕事の関係はゆっくりと長い期
間をかけて築かれる」．「あなたのことを信頼している人たちのことも知ってい
るから，私はあなたを信頼する」（Meyer, 171）のである．図7では，アメリカ
はもっとも左に位置し，もっとも「タスクベース」に基づいた信頼関係を築く
文化である．日本は，中央からやや右側に位置し，「関係ベース」で信頼関係
を築く文化であることがわかる．つまり，日本は感情的要素，アメリカは理知
的・合理的要素が重要になる．「日本人は他国をみる場合，たぶんに情緒的に
なる」という意味のことをあるアメリカ人の著書で読んだ．…ペリーでさえ開
国の恩人とみている．その基礎に情緒的なアメリカ好きの感情がある．しかし，
アメリカ人の場合はちがうだろう．目前のテーマについて明晰な論理を構築す
ることがすべてで，その場合過去の歴史的事情などを情緒的に加えない」（『ア
メリカ素描』，110）．「「日本人は，貯金しすぎる」とまで，日本はアメリカから
指摘されている．余計なお世話だ，と日本人はいいたがる．が，それは感情で

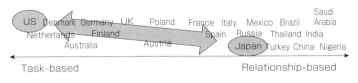

図7　⑥「信頼」
出典：Meyer, 171.

あって論理ではない．アメリカの論理は，本来ゆたかに環流すべきドルを日本
だけが多量に取りこみ，それを国内において貯金として累積している，という
のである…日本にも立場や言い分はある．…しかも<u>相手は論理だけで押してく</u>
<u>る</u>．かれらが家庭や学校で学んだとおりの明晰さでやってきて，決して情緒性
というアイマイさを加味しない」（『アメリカ素描』，141）．

3.7.　⑦「見解の相違」

「見解の相違」は，意見が対立することをポジティブに捉える「対立型」と，
ネガティブに捉える「対立回避型」がある（Meyer, 201）．「もしあなたの文化
で誰かがあなたに強く反対してきた場合，それは『あなた』を否定しているの
か，たんに『アイデア』を否定しているのか，どちらを意味するだろう？」（Meyer,
200）．つまり，意見と人格を別のものとして捉えるか，意見と人格を同じもの
と捉えるか，の違いになる．図8の「見解の相違」の指標は，よく見ると②「評

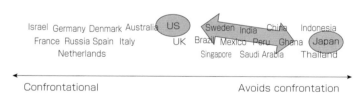

図8　⑦「見解の相違」
出典：Meyer, 201.

図9　⑧「スケジューリング」
出典：Meyer, 227.

「価」の指標に似ている．相手に良くないところを伝える際，はっきり伝えるか，遠回しに伝えるか，という点が共通しているからだと思われる．「日本にも訴訟好きな人はいる，しかし，…個人でもってマスコミを相手どって訴訟をおこす例はすくない．…ひとびとは事を荒だてず，理想的には事無かれで行きたい，と思っているのである」（『アメリカ素描』．330-31）．

3.8.　⑧「スケジューリング」

　時間の感覚も文化によって異なり，二種類ある．「直接的な時間」と「柔軟な時間」である（Meyer，227）．「直接的な時間」は「プロジェクトは連続的なものとして捉えられ，ひとつの作業が終わったら次の作業へと進む．一度にひとつずつ．邪魔は入らない．重要なのは締め切りで，スケジュール通りに進むこと．柔軟性ではなく組織性や迅速さに価値が置かれる」．一方，「柔軟な時間」は「プロジェクトは流動的なものとして捉えられ，場当たり的に作業を進める．さまざまなことが同時に進行し邪魔が入っても受け入れられる．大切なのは順応性であり，組織性よりも柔軟性に価値が置かれる」とされる（Meyer，227）．図9によれば，日本とアメリカはともに左よりで，「直接的な時間」に属する文化である．つまり，時間に関して言えば，日本とアメリカは似た感覚を持った文化圏に属していることになる．なお，不思議なことに，『アメリカ素描』において，時間に関連した叙述を見つけることはできなかった．

4　考　　察

　『アメリカ素描』を，メイヤーの8つの観点から見てきた．その結果，日本文化とアメリカ文化でもっともかけ離れているのは③「説得」であった．思考体系がまったく異なり，1つの図に記載することが不可能だったからである．2番目にかけ離れていたのは①「コミュニケーション」すなわちコンテクストであった．日本とアメリカはそれぞれ左右の両極に位置しており，他のどの国の文化よりも差が大きかった．3番目は⑥「信頼」である．日本はやや右よりの位置にあるが，アメリカはもっとも左端であった．4番目は②「評価」，④「リード」，⑦「見解の相違」であった．これらの図で，日本はもっとも右に位置し

ており，アメリカはほぼ中央の位置にあった．左と右の位置関係が逆になるものの⑤「決断」も同様の位置関係であった．最後に⑧「スケジューリング」であるが，日本とアメリカはともに左側に位置し，位置的な差はほとんどなかった．

　これら日本とアメリカの位置関係の距離は，程度の違いを表している．遠ければ遠いほど差が顕著であり，近ければ近いほど違いははっきりしなくなる．差が顕著であれば，文化の違いに気がつきやすく，差が小さければ気づきにくい．これを念頭におけば，① から⑦ の指標について，司馬は詳細な記述をしており，特に③ と① と⑥ の記述が豊富だったことと合致する．逆説的になるが，『アメリカ素描』には，⑧のスケジューリングについてほとんど言及が見られなかった．これは，日本もアメリカも時間について，ともに直線的な文化圏に属しており，時間感覚が似ているため，日本人である司馬は，アメリカ人の時間感覚について，違いを感じることがなかったものと思われる．それゆえ，『アメリカ素描』では，時間についての記述がほとんどなかったものと思われる．

おわりに
——結論——

　ここまでの分析と考察を踏まえるなら，『アメリカ素描』において，司馬は，アメリカ文化を日本文化と対比させつつ，その違いを的確に把握し，記述していたことがわかった．その意味において，司馬は，アメリカ文化の特徴を極めて的確に捉えていたと言える．

[付記]
　　本章は日本英文学会東北支部第73回大会（2018年12月1日　山形大学小白川キャンパス人文社会科学部1号館第2室204教室）において発表した内容をもとに，大幅に手を加えたものである．

参考文献 ————

阿川尚之「第5回アメリカが見つかりましたか（戦後編）司馬遼太郎と文明としてのアメリカ」（『外交フォーラム』12.9，都市出版，1999年）：82-89.

Cardon, Peter W. "A Critique of Hall's Contexting Model: A Meta-Analysis of Literature on Intercultural Business and Technical Communication." (*Journal of Business and Technical Communication.* 22．4，2008)：399-428.

古家聡「文化本質主義」(石井敏，久光昭元編『異文化コミュニケーション事典』春風社，2013年)：111-12.

ギブニー，フランク「アメリカ――トックビルの再来」(『司馬遼太郎の跫音』中央公論111 (11)，中央公論新社，1996年9月)：296-99.

Hall, Edward.T. *Beyond Culture.* (Anchor Books. 1989.) (ホール，エドワード・T『文化を超えて』(岩田慶治・谷泰訳，TBSブリタニカ，1993年))．

Hofstede, Geert, Gert Jan Hofstede, and Michael Minkov. *Cultures and Organizations: Software of the Mind.* (Revised and Expanded Third Edition. McGraw Hill, 2010.) (ホフステード，G，G・J・ホフステード，M・ミンコフ『多文化世界　違いを学び未来への道を探る』(原書第3版，有斐閣，2013年))．

岩見幸恵「アメリカ素描」(志村有弘編『司馬遼太郎事典』勉誠出版，2007年)：5-7.

亀井俊介「解説」(司馬遼太郎『アメリカ素描』新潮社，1989年)：398-405.

―――「壮麗なレトリックの力」(『司馬遼太郎の跫音』中央公論111 (11) 中央公論新社，1996年)：94-102.

金子淳．「*Sea of Cortez* と文化的相対性――異文化コミュニケーションの観点からの分析」(The 90th General Meeting of the English Literary Society of Japan『日本英文学会』第90回大会 Proceedings, 2018年)：139-40.

―――「司馬遼太郎とスタインベック――なぜ，『アメリカ素描』に，スタインベックが頻出するのか――」(中垣恒太郎，山内圭，久保田文，中島美智子編『スタインベックとともに　没後五十年記念論集』大阪教育図書，2019年)：341-66.

Meyer, Erin. *The Culture Map.* (Public Affairs, 2015.) (メイヤー，エリン『異文化理解力』(田岡恵監訳 英治出版，2015年))．

Nisbett, Richard E. *The geography of thought: how Asians and Westerners think differently ―― and why.* (Free Press, 2004.) (ニスベット，リチャード・E『木を見る西洋人森を見る東洋人　思考の違いはいかにして生まれるか』(村本由紀子訳，ダイヤモンド社，2008年))．

大塚秀之「アメリカ合衆国の人種差別を考える――司馬遼太郎のアメリカ (特集 民族の権利とたたかい)」(『部落』52.12，部落問題研究所出版部，2000年)：7-14.

司馬遼太郎『アメリカ素描』(新潮社，1989年).

―――『街道をゆく39　ニューヨーク散歩』(朝日新聞社，1994年).

鈴木志のぶ「コンテキスト」(石井敏，久光昭元編『異文化コミュニケーション事典』春風社，2013年)：12-13.

第11章　江藤淳の〈反米〉と「私」
──『アメリカと私』再読──

塩谷昌弘

はじめに

　江藤淳（Jun Eto, 1932-1999）は，1962年から1964年までの 2 年間，ロックフェラー財団の研究員として，アメリカのプリンストン大学に留学している．帰国後に刊行した『アメリカと私』(1965) は，このアメリカ滞在の体験をまとめた留学記である．今日よく知られているような江藤の〈反米〉保守としての側面は，その深度を考慮せずに言えば，この留学体験に端を発していると言える．江藤は1970年代以降もたびたび渡米しているが，とりわけ1979年10月から国際交流基金派遣研究員として一年近く米国に滞在したことは大きな事だった．その滞在中，プランゲ文庫などの占領史関係の一次資料を踏査したからである．帰国後にその成果として一連の占領史研究の著作を発表したのである．江藤の〈反米〉言説は，ほぼこの時期に定まったと言って良いだろう．

　こうした江藤の〈反米〉言説が定位するための前提としてあったのが，自己同一性の回復であった．小熊英二は「江藤の特徴は，旧世代のオールド・リベラリストとは異なり，自己のアイデンティティの問題から保守思想を組みたていった点にある．（中略）江藤は，敗戦の痛手を忘れるために戦後社会の現実を拒否し，「国家」という「白昼夢」を築きあげるなかで，自己のアイデンティティを希求していったのである」[1] と述べている．こうした江藤の「自己のアイデンティティ」の「希求」は，『アメリカと私』においても見られるものである．佐藤泉は，『アメリカと私』を，「自己の同一性の危機を強力なテコとした自我の再統合，再強化の物語」[2] であるとしている．だとすれば，やはり江藤の〈反

米〉言説は，プリンストン留学と，その所産としての『アメリカと私』に端を発していると言える．

　だが，『アメリカと私』は，そのような自己同一性を回復する物語としか読み得ないのだろうか．本章で検討するように『アメリカと私』には，そのような〈反米〉の起源としての単一の「私」だけが表象されているわけではない．むしろ矛盾を孕んだ「私」が，同一的な主体を否定するように存在している．本章では，こうした『アメリカと私』における「私」の在り方を分析するまえに，江藤の〈反米〉言説を発話主体の問題から考えてみることにしたい．その上で，『アメリカと私』を分析し，その「私」の複数性を明らかにしてみたい．

1　「自分の物語」と「私」

　江藤は1979年に発表した「他人の物語と自分の物語」において，アメリカが「自分の物語」を奪ったという主張している．

　　　だが，いったい人は，他人が書いた物語のなかで，いつまで便々と生き続けられるものだろうか？　むしろ人は，自分の物語を発見するために生きるのではないだろうか．自分の物語を発見しつづける手応えを喪失し，他人の物語をおうむ返しに繰り返しはじめたとき，人は実は生ける屍になり下り，なにものをも創ることができなくなるのではないだろうか．[3)]

　つまり，戦後の日本はアメリカが書いた物語であり，その物語を生きる者は「生ける屍」であるというのである．こうした江藤の認識に対して，先の佐藤泉は江藤が留学したプリスントン大学の当時の状況から次のように分析する．

　　　江藤淳が滞米中に在籍していたプリンストン大学は，「日本近代化論」研究の一大拠点だった．聡明な江藤淳は，そこに招かれた自分が何を期待されているのかを理解しただろうし，その役割を的確に果たしただろう．だが，この役割はうまく演じれば演じるほど——彼自身が文芸評論の言説にもたらした用語を使うなら——深甚な「アイデンティティ」の危機をまねくのではないだろうか．役割期待に添えないなら「近代化のエリート」

としての存在理由は失せる．しかしに逆に，期待に答えて優等生となることを通して自己実現に成功してしまった場合，彼は他人の物語を生きていることになる．[4]

　この指摘にあるように「他人の物語」を生きざるを得なかったのは江藤自身に他ならなかった．もちろん，江藤の「他人の物語」とは，戦後の，占領後の日本を指しているが，そういう「物語」のなかで江藤は「近代化のエリート」としての役割を期待された．江藤が演じなければなかったのは「日本近代化論」研究の成果を広めることだった．それを広めることは，しかし，自らの「アイデンティティ」の危機を招くというわけである．先に見たように佐藤は『アメリカと私』を，こうした「自己の同一性の危機を強力なテコとした自我の再統合，再強化の物語」としたが，こうした「自我の再統合，再強化の物語」は，「自分の物語」を書くために必要なことだったのである．

　そのような「自分の物語」を書くために表象される「アメリカ」は，どのような「アメリカ」なのか．佐藤は江藤同様ロックフェラー財団の研究員としてアメリカに留学した有吉佐和子の小説『非色』を論じながら，「江藤淳は自作にしばしば2つの語を「と」でつないだタイトルを付けている．（中略）「アメリカと私」の場合は，国名と私との間のカテゴリー的落差を一挙に飛び越える．そして，この飛躍によって「アメリカ」は「私」が不可分な人格であるごとく単一の全体として表象される．そして，『非色』が描くのはなによりも不可分の全体であるようなアメリカではなく，複数のアメリカ，アメリカ内外にわたる複数の差異の線なのである」[5]と述べている．

　こうした単一の「アメリカ」表象に関連したもので，酒井直樹による江藤に関する考察がある．酒井は1980年代に江藤がアメリカの大学で講演をしたところに居合わせたという．その講演での江藤の主張は「あなた方アメリカ人は我々日本人から我々固有の物語を奪った」[6]というものだったという．酒井はそのときのことを，次のように考察する．

　（前略）講演者である江藤氏が「アメリカ人」である聴衆に向かって，「なぜあなた方アメリカ人は我々日本人から我々固有の物語を奪ったのか？」という問い掛けをしている構図に考察をしぼってみよう．「アメリカ人」

と一方的に規定されてはいても，じつは合衆国国籍をもたない人を多く含むこの聴衆はこの問いかけにどう答えたらよいだろうか．相手の同一性の限定が，常に強引で暴力的な線引きの結果であるように，江藤氏の語りは，聴衆のなかに居た，どうしても「アメリカ人」とは同一化できない個人たちを一気に切り捨てた．なぜなら，彼は聴衆が誰であるかには興味がなかったからであり，彼にとって重要なのは，聴衆を「アメリカ人」として限定することによって，対照的に限定されてくる講演者と同じ人物としての語り手の「日本人」としてのアイデンティティ以外の何物でもなかったからである．彼は「アメリカ人」に向かって話していると思っていたが，そこに居た聴衆のなかには台湾籍をもつ者も韓国籍をもつ者もメキシコ籍をもつ者も，西ドイツ籍やイギリス籍をもつ者とともに同席していた．しかし，そのような雑多な国籍や民族は，合衆国と日本という対照から見ればどうでもいいことであり，ひとがアイデンティティを求めるうえでそのような雑音を切り捨てることに躊躇はいらなかった．同一性はそのような些末な者たちを断固として切り捨てることによって成り立つもののはずだろう[7]．

　さらに酒井は「聴衆の多様性を切り捨てたことに問題があるといっているのではない[8]」とした上で，問題は江藤がその場で期待も要請もされていないのに「日本国民の代表がアメリカ国民に向かって話すという建前を無理矢理に自らに与えていた[9]」ことだと述べている．こうした非対話的な構図を指摘した上で，「役柄を確証する構図が崩壊するときに出会う他者と，安定した構図のなかで出会う他者とは，その基本的な様相において異なっている[10]」と指摘している．つまり，このとき江藤は「日本人」という「役柄」に固執し，その「安定した構図」のなかでしか「他者」と出会っていなかったわけである．もちろん，そのような「他者」は他者たり得ない．江藤が過剰に「日本人」としての自己の同一性に固執し，しかも，聴衆の個別性さえも無視するのであれば，江藤の発話は誰にも届きようがないからである．酒井は「翻訳」という言葉を用いて，江藤の「独話論的」な発話を批判する．「翻訳」という行為はそうした発話によっては起こりえない．「それは「異言語的な聞き手への語り掛け」においてしか実働化しない[11]」というのである．こうした自らの発話の外側にいる「他者」に

向けての発話において，はじめて対話の可能性が開かれるというのである．

　先に見た『アメリカと私』同様，ここでも江藤は単一の「アメリカ」を想定してしまっている．江藤の〈反米〉言説は，こうした単一の「アメリカ」と対峙することで成立している．しかし，一方で江藤の「私」が単一の「アメリカ」との「構図」のなかで安定しているのは自己の同一性が回復，担保されているからだ．

　だが，次に見るように，こうした担保は，他ならぬ江藤自身の手によって書かれた『アメリカと私』の「私」によって裏切られているのである．

2　『アメリカと私』の「私」

　単行本『アメリカと私』は，江藤がアメリカから帰国して『朝日ジャーナル』（1964年9月6日～11月8日）に「アメリカと私」と題して連載したものと，留学中に日本の新聞社や通信社に書き送った通信文「アメリカ通信」から成っている．第一部の「アメリカと私」が，『朝日ジャーナル』連載分で，第二部の「アメリカ通信」が通信文である．従って第一部と第二部は書かれた順序とは反対に配置されていることになる．

　この配置に従って『アメリカと私』を読み進めると，帰国後に整理されて書かれた第一部に比べて，通信文として断片的・即興的に書かれた第二部は印象が希薄になる．川嶋至は「単行本『アメリカと私』を読みとおしてみて，私が最初に得た感想は，第二部『アメリカ通信』より，第一部のほうがはるかに面白かった」，「アメリカ通信」には「話題と話題をつなぐ環がない」のに対して，「アメリカと私」は江藤がアメリカで得た「新しい体験」を「統合した構成力」があると指摘している．川嶋が指摘する「構成力」は，物語性と言い換えることができる．つまり，自己の同一性を回復する物語として第一部は読むことができるのである．

　しかし，本章では，この『アメリカと私』をその配置構成に従って読むのではなく，それを一旦解体し，テクスト内で語られている時間に従って，第一部と第二部を比較しながら読むことにしたい．『アメリカと私』は全27編の章から成っている．各章のうち，第一部をⅠ～Ⅹとして，第二部を①～⑰とすると，

次のように再構成することができる．（　）内はテクスト内で語れている時間を示している．

Ⅰ　「適者生存」（1962年 8 月27日〜）

①　「第一信」（同 9 月）

Ⅱ　「プリンストン」（同 9 月）

Ⅲ　「大学」（同？月）

②　「十月二十八日の午後」（同10月28日）

Ⅳ　「城」（同11月）

③　「キューバ危機の中で」（同11月 8 日〜）

④　「〝不安な巨人〟日本について」（同？）

Ⅴ　「パーティー」（同12月20日）

⑤　「生きている〝古さ〟」（同？）

⑥　「合衆国と地方主義」（1963年 2 月 8 日）

⑦　「深い南北の溝」（同 2 月13日〜）

Ⅵ　「東と西」（1962年〜1963年 3 月）

⑧　「冬と春の間」（同？）

⑨　「青春と狂気」（同 5 月12日）

Ⅶ　「普林亭主人」（同 7 月〜 8 月）

⑩　「海老原喜之助の回顧展」（同？）

Ⅷ　「学生たち」（同 9 月）

⑪　「私の見たアメリカ」（同？）

Ⅸ　「事件」（同11月22日）

⑫　「ケネディ以後」（1964年 1 月 8 日）

⑬　「エリート」（同？）

⑭　「アメリカの古い顔」（同？）

⑮　「国家・個人・言葉」（同 4 月〜）

Ⅹ　「別れ」（同 2 月〜 4 月10日〜）

⑯　「米国から欧州へ」（同 7 月14日）

⑰　「学問の自由化」（同？）

　『アメリカと私』を目次の通りに読むと，時系列的進行は第一部と第二部で
それぞれ独立してしまっており，全体としては一度のアメリカ体験を二度反復
して読まされることになる．この反復こそが第二部「アメリカ通信」の存在を
希薄にしている最大の要因とも思われる．だが，右に示したように，このテク
ストを一度きりの体験として再配置してみると，それぞれの話は折り重なりな
がらも，微妙な差異を見せはじめるのである．
　その一例として，ここでは時期的に隣接している①とⅡを比較してみたい．
①では，プリンストンの町は次のように描写されている．

　（前略）しかし，プリンストンがアメリカであろうか．ややコスモポリタン
　で，スノビッシュなまでに高踏的な知的ふんいき，大通りにネオンをつけ
　させぬ一種気取った清潔さ，礼儀正しくにこやかな教授たち，育ちのよい
　学生——これはたしかにアメリカのある面であろう．が，ここにはミシシッ
　ピの黒人共学問題の突風は吹いて来ない．ニューヨークのスラムの悪徳も
　浸透して来ない．膨張しつづけるロサンゼルスの俗悪な空気も見られない．
　この空気の希薄な感じ，世俗の僧院といったようなはだざわりはいったい
　なんだろうか．[13]（下線引用者）

これに対してⅡでは，プリンストンの町は次のように描写されている．

　（前略）町の様子は私が日本で想像していたのとあまりちがわなかったが，
　この美しい大学町のなかに，そこに属するものとしての自分を想い描くこ
　とは，きわめて困難であった．それはあまりに整然と取り澄ましすぎてい
　る．私は，この町のいったいどこに自分を容れる余地があるのかよくわか
　らなかった．しかも，私は今後少なくとも一年間は，この町で生活しなけ
　ればならないのである．
　　もしそれがニューヨークのような大都会だったら——ワシントンからラ
　ガーディア空港に着いたとき，西の空に林立する巨大な墓標の一群のよう
　に見えたマンハッタンの，冷たい，黒い石造の摩天楼と，その間を黙々と
　過ぎて行くけわしい群衆のあいだでなら，暮らして行くことはむしろたや

すそうに思われた[.].（下線引用者）

①とⅡのプリンストンの町の描写はほとんど同質のものである．①では「コスモポリタン」,「スノビッシュ」,「清潔」,「礼儀正しい」といった形容をしており，Ⅱでも「美しい」,「整然」,「取り澄ましすぎている」といった形容をしている．①もⅡも同様にプリンストンの町を，美しく清潔でありながらスノッブな町だと描写している．しかし，ここで注目すべきなのはプリンストンではなく，それに対置されているものである．下線部にあるように①ではプリンストンに対して，「ミシシッピの黒人共学問題の突風」,「ニューヨークのスラムの悪徳」,「膨張しつづけるロサンゼルスの俗悪な空気」といった地方的・周縁的なものが対置されている．しかし，Ⅱでは「ニューヨークのような大都会」,「巨大な墓標の一群のように見えたマンハッタンの，冷たい，黒い石造の摩天楼」,「その間を黙々と過ぎて行くけわしい群衆」といった都会的・中心的なものが対置されているのである．つまり，プリンストンの町に対置されているものが①では周縁的なもので，Ⅱでは中心的なものなのである．この例からもわかるように，『アメリカと私』の構成を時間に沿って再配置してみると，単一の「私」のように見えた「私」はにわかに差異を見せるようになるのである．

3　2つの「私」

まず，第二部「アメリカ通信」の⑥を引用してみたい．これは「私」が南部を旅行したときの記述である．

　　たとえばここにはプリンストンあたりには見られない，南北戦争以前の面影をとどめた古い豪奢な館が立ち並んでいる．それはたいてい高い厚いヘイか，繊細だが強靭な鉄柵をめぐらしていて，どこか放恣な感覚に媚びるようなものを持っている．しかも，これらの館とほとんど背中合せになって，落魄をきわめたという感じの黒人街があり，そこにうごめいている黒人たちの顔は，つねに眼に見えぬものの攻撃に対して耳を澄ませているような，北部の「差別されていない」黒人の過敏な表情とはちがって，鈍い無表情に塗りつぶされているように見える．このように，美と頽廃した権

　　力の腐臭との対照がつくり出す奇妙にエロティックなアイロニイ——それ
　　はつねに「正しい」北部には決して存在しない．
　　　これはまさしく社会的不正義であろう．だが，<u>私はむしろこういう風土</u>
　　<u>に出あってほっとした</u>．プリンストンに来て以来，何か物足らぬものがあ
　　ると感じていたのが，このアイロニイ，一種の官能の澱りのようなもので
　　あることがはっきりしたからである．社会的不正義もこれほどはっきりし
　　ていると堂々たるものに見える．それは，正義をかかげて隠微な自分を「生」
　　から遠ざけて行く清教徒のカルヴィニズムより，私の感覚にぴったりする．
　　少なくともここには偽りはないからだ．(下線引用者)

　ここでの「私」は下線部にあるように南部に「ほっと」して，その「社会的
不正義」に共感している．これと同じ時期のことが書かれている「アメリカと
私」のⅥには，いま引用した⑥とは対照的な記述が見られる．

　　(前略)年末年始の休暇を，新潮賞の賞金を旅費にあてた南部三州（南カロ
　　ライナ，ルイジアナ，テキサス）の旅行についやして，久しぶりにわが家に帰
　　りついたころには，不思議なことに，最初あれほどはいりにくく見えたプ
　　リンストンが，すでに「自分の町」に変身していた．それは知的雰囲気に
　　あふれた，清潔な，気品のある町であり，私はそこに属していた．ペンシ
　　ルヴェニア鉄道の支線の駅を降りたとたんに，家内と私は，あの家に帰っ
　　て来たときの，ほっとした気持にとりつかれたのである．(傍点原文)

　ここでは南部の旅行から帰ってきた「私」が「知的雰囲気にあふれた，清潔
な，気品のある町」に「ほっとした」と感じている．テクスト内で語られてい
る時間に沿って考えれば，「美と頽廃した権力の腐臭との対照がつくり出す奇
妙にエロティック」な南部に「ほっと」した直後のことなのである．この2つ
の「私」はほとんど分裂しているかのようである．
　あるいは，②では「キューバ危機」に遭遇した「私」の心情が語られている．

　　　たとえば私は死を想い，自分の生い育った文化から切離されたまま死ぬ
　　のであれば不幸だと思った．そしてまた，そういう終末の予感が，ふだん
　　は人工的で何かが欠けて感じられるプリンストンの町に，ある深い陰影を

あたえているように見えることを，新鮮な発見のように思ったりした．そういえば，この若い国には一般に「死」に対する感受性が希薄なのかも知れない．そして，黒人のなかにはその感受性が濃くよどんでいるのかも知れない．気がつくと合唱は終り，ホッジス嬢はG・M・ホプキンスの詩を読んでいた．私はその詩の異教的なまでに官能的な自然のイメージを，乾いた砂のように吸いこんでいる自分を感じた．¹⁷⁾

　ここで「私」は黒人教会で霊歌を聞きながら，「キューバ危機」を振り返って，「自分の生い育った文化から切離されたまま死ぬのであれば不幸」だと感じ，「死」に想いを馳せている．また，その「死」に対する「感受性が濃くよどんでいる」黒人女性のホッジス嬢が読む「官能的な自然のイメージ」の「詩」を「乾いた砂のように吸いこんで」いる．この「私」は「黒人」と「自然のイメージ」を共有している．それに対してプリンストンは「人工的」な町で，アメリカという「若い国」は「一般に死」に対する「感受性が希薄」だというのである．つまり，ここでは，「私」や「黒人」は「死」，「詩」，「異教的」，「官能的」といった「自然のイメージ」に属しており，プリンストンやアメリカは「人工的」なもので「死」から遠いものだとされているのである．
　これとは対照的な記述がⅣにある．

　　例の「キューバ危機」がおこったのは，ちょうどこのころである．核兵器の攻撃の可能性の下でみると，自分のはいる余地がなさそうにみえた，あまりに美しい大学のキャンパスは，廃墟の青写真であるかのように見えなくもなかった．それは，たしかに廃墟のなかで育った私を，大学に近づけた．ナッソオ・ホールの前を行くR・O・T・C（予備将校訓練団）の軍服に身を固めた学生たちは凛々しく，死の影を受けて美しくすらあった．あるいは，彼らはやがて「国のために」死ぬのである．この考えは，私に残酷な感動を与えた．¹⁸⁾

　ここでも「キューバ危機」のことを振り返っているのだが，「私」はプリンストン大学のキャンパスを軍服で歩く「R・O・T・C」の学生たちに「死」の影を見ている．先の「黒人」に見ていた「死」のイメージとは，明らかに違う

イメージがここにはある．というのは，この学生たちに見る「死の影」には，「国
のために」という条件がつくからである．また，②では単に「自分の生い育っ
た文化」としかされていなかった日本が，このⅣでは「廃墟のなかで育った」
とされており，敗戦後の日本を想起させる．つまり，「私」がここで見た学生
の「死」の影には，「国のために」死んでいった日本人が重ね合わされている
のである．

　次の⑨は，プリンストンで起きた学生たちの原因不明の暴動に関しての言及
である．

　　（前略）それは，平和に耐え切れなくなり，人工的な純潔と美に窒息しかけ
　　た若者たちの，死と破壊の本能の爆発である．私のなかにひそんでいる同
　　じものが，それを嗅ぎつける．この美しいキャンパス，この秩序立った日
　　常——それが人間の常態であるわけがない．これは私が成長して来た世界
　　ではない．プリンストンに着いてから，私はそう思いくらしてきた．今，
　　私はここの学生たちが私と同じなにかを共有していることを知って，ある
　　満足を感じている．私は学生デモにくっついている汗の臭いのような正義
　　がきらいだった．しかし，このナンセンスな，花火のように無意味な破壊
　　本能の爆発は，ちょっと美しい．[19]

　ここで「私」は，プリンストンで起きた学生の暴動に「死と破壊の本能の爆
発」を見てとっている．その根拠は「私のなかにひそんでいる同じものが，そ
れを嗅ぎ付ける」からである．だからこそ，「私」は学生の「無意味な破壊本能」
を「ちょっと美しい」と感じるのである．それに対置されているのは，プリン
ストンという「人工的」な町である．あるいは一般的な「学生デモにくっつい
ている汗の臭いのような正義」である．つまり，ここでも「私」は「人工」や
「正義」ではなく，「死と破壊の本能」や「無意味な破壊本能」といった「ナン
センス」な「社会的不正義」に共感している．

　しかし，先に引用したⅥの直前には，次のような箇所がある．

　　（前略）意味もなく忙しい東京の文筆生活のあいだに，私はいつの間にか季
　　節の移り変りに対する感受性を喪くしかけていた．それが米国の生活に少

しずつ足を踏み入れて行くうちに，突然自分のなかに回復され，それと同
時に，自然もまた自分に近づいて来る……．この感覚は，貴重であった．
　　もし，日本人の美意識が，通説のように自然との交流によってかたちづ
くられてきたものなら，私のそれが東京の文学的生活のなかでは摩滅し，
外国の異質な自然に触れて帰ってよみがえりはじめたというのは，予期し
なかった皮肉である[20]．

　ここには先に見た②の「自然のイメージ」とは異なる「自然」が回復されて
いる．この「自然」が，「季節の移り変り」という秩序立ったものとして認識
されているのは象徴的である．というのも，先に見たようにプリンストンの美
しいキャンパスは「秩序立った日常」を象徴していたからである．「アメリカ
通信」の「私」はそれを否定していたのだった．
　整理をすれば，「アメリカ通信」の「私」は，はじめに引用した⑥に端的に
示されているように，南部や「黒人」，「異教的」で「官能的」，「死」に対する
「感受性」が豊かな「自然」や，「破壊」的で「本能」的な，「ナンセンス」な「社
会的不正義」に共感している．それに対して，「アメリカと私」の「私」は，「人
工的」で「清潔」で，「秩序」立った「自然」，あるいは「国のために」死のう
としている学生に美しさを感じている．
　こうした対照的な「私」が，ほとんどテクスト内の時間の中で同時に併存し
てしまっている．これを単純に「アメリカ通信」の「私」はアメリカ体験以前，
あるいは体験中の江藤であり，「アメリカと私」の「私」はアメリカ体験後の
江藤なのだということもできるだろう．しかし，そうした「私」の一貫した主
体の同一性を前提にすることは，第一部の「私」を前提にするということだ．
第一部の「私」は，まさにそうした自己の同一性を回復した「私」の物語であっ
た．この「私」を起点にすれば，その後の江藤の〈反米〉言説，占領史研究へ
とつながっていくだろうし，酒井が見た講演者としての江藤となるのだろう．
だが，そうした読みは，あえて言えば第一部の「私」に加担する読解だ．
　第二部「アメリカ通信」の「私」は，そのような同一的な主体としてあるこ
とを肯定してはいなかった．「人工的」であること否定し，「秩序」を否定した
第二部の「私」は，南部について，「美と頽廃した権力の腐臭との対照がつく

り出す奇妙にエロティックなアイロニイ——それはつねに「正しい」北部には決して存在しない」と語っていた．「つねに「正しい」」ということの欺瞞を，この「私」は鋭く喝破し，むしろ「アイロニイ」や「ナンセンス」こそ，自らの「感覚にぴったり」くるものとして評価していたのである．

　だとすれば，『アメリカと私』というテクストが孕む「私」の複数性は，このテクストの持つ「アイロニイ」と捉える他はないだろう．

おわりに

　江藤の〈反米〉言説が，同一的な主体である「私」を前提としていることは，先に見たとおりで，だからこそ〈反米〉の宛先である「アメリカ」は，単一の「アメリカ」として表象されていたのだった．しかし，『アメリカと私』というテクストは，そうした同一的な主体の回復を描きながらも，テクスト内部からその同一性を崩壊させるようなテクストだったのである．第二部の「私」が南部の「アイロニイ」を評価するのは，北部の「正しさ」を相対化するからだろう．それは第一部の同一的な主体を持った「私」をも相対化する．

　また，この「第二部」の「私」は，多様とまでは言えないにしても，「アメリカ」の差異を捉えていた．そのなかで異なる他者に共感を寄せていた．もちろん，その傾向は北部に対する南部であったり，大学に対する若者であったりと，マイノリティや弱者の側に立つという，ごく素朴なものにとどまっているが，ここには少なくとも「自分の物語」だけを語り，多様な「アメリカ」を切り捨てるというような語りはないし，なにより，この「私」の眼は，複雑で多様な「アメリカ」に向けて開かれている．

注
　1）小熊英二『〈民主〉と〈愛国〉　戦後日本のナショナリズムと公共性』（新曜社，2005年）：714-715．
　2）佐藤泉『戦後批評のメタヒストリー　近代を記憶する場』（岩波書店，2005年）：155．
　3）江藤淳「他人の物語と自分の物語」（『文学界』33-3，1979年），江藤淳『一九四六年憲法——その拘束』（文藝春秋社，1995年）：183．
　4）前掲，佐藤泉，159．

５）佐藤泉「『非色』――複数のアメリカ／複数の《戦争花嫁》」,『有吉佐和子の世界』（翰林書房，2004年）：220.

６）酒井直樹『憲法と希望　日本国憲法の発話主体と応答』（以文社，2008年）：245.

７）同上，246-247.

８）同上，247.

９）同上，247.

10）同上，264.

11）同上，265.

12）川嶋至「アメリカと私」,『国文学』（16-１，1971年）：102-107.

13）江藤淳『アメリカと私』（朝日新聞社，1965年）：171.

14）同上，26-27.

15）同上，211-212.

16）同上，87-88.

17）同上，185.

18）同上，68.

19）同上，239-240.

20）同上，87.

第12章　反米主義
——「感情のうねり」をめぐる私考——

伊藤　豊

は じ め に
——問題の所在——

　2000年代の初頭から後半にかけて，「反米主義（anti-Americanism）」に関する議論がそれなりに盛んな時期があった[1]．反米主義が2000年代にしばしば議論の俎上に載る契機となったのは，言うまでもなく2001年の9.11テロと直後のアフガニスタン攻撃，そして2003年に始まるイラク戦争であり，これをきっかけとして，アメリカは世界の各所で憎悪の焦点と化したわけである．

　同時期の日本において上記の潮流に棹さした代表的な反米主義研究と目されるのは，文化社会学者の吉見俊哉による『親米と反米——戦後日本の政治的無意識』（2007年）であろう[2]．吉見は本書の序章で，イラク戦争に際してアメリカ国内では大多数が支持の態度を表明した一方で，ヨーロッパの大勢はそれに批判的であったという世論調査の結果を引きつつ，以下のように述べている．

> 　要するに，アメリカ国内では「正義」の戦争に見えるものも，外側からはまったく「利己的」な戦争としか見えなかったのである．だからこそ，イラク開戦に至るまで，繰り返された大統領の好戦的な宣言とは裏腹に，世界の人びとの間に反米感情のうねりが広がっていき，超大国アメリカは半世紀にわたり積み上げてきた国際的権威を大幅に失墜させていった[3]．

　吉見がここで示しているのは，アメリカ合衆国が「テロとの戦い」という名目を用いて，いかに言い繕おうとも，この戦争の本質がアメリカの国家エゴの発露にあることを世界は見破っていたという，（それはそれで1つの見識とみなすべ

き）批判的アメリカ観である．吉見はアメリカへのそうした批判を総称して「反米感情のうねり」と表現しているのだが，にもかかわらず，彼がこの「うねり」の核心を必ずしも「感情」とは見ていないという事実は，注目に値するかと思う．

　そもそも吉見の言う「反米感情」とは何であろうか．もし当時のアメリカが自身の利己的かつ単独主義的な行為のゆえに，世界各地で反発を買っていたとすれば，それは単なる嫌悪感の産物というよりは，むしろ現実世界におけるアメリカの外交政策や軍事行動がそうした反発に値するがゆえに生じた，いわば当然の理性的あるいは論理的な批判の発露として捉えられるべきであろう．吉見は明らかに上の引用部において，ヨーロッパ世論の反米化の原因をアメリカの利己的な戦争に対する批判に求めており，だとすれば，そうした批判の本質とは単なる感情論ではなく，むしろ対テロ戦争に象徴されるアメリカの外交・軍事政策への真っ当な反駁であったはずだ．

　他方，本章で後ほど論じるように，特に9.11後のヨーロッパで噴出した反米言説の中核に，アメリカ合衆国やアメリカニズムへの憎悪や偏見を見出す論者もいる．イラク戦争をきっかけとして発現したさまざまなアメリカ批判の背後に，整然とした論理には還元できない要素が存在すると認めるならば，そうした批判の中に言い過ぎや暴論に類するものを見て取ることも，また可能となるだろう．

　反米主義の捉え方として，一方で，それを超大国アメリカの傲慢な振る舞いに対する正当な批判の現れと見る立場があり，他方で，その本質をアメリカへの執拗な憎悪や偏見とする立場がある．もちろん，世界の人々の間で現れるアメリカ観は，彼らの置かれた状況や立場によって色々であり，したがって「反米」という言葉で表される現象も，また決して一様たりえない．

　「反米感情のうねり」の両端には，理性と情念という2つの極点が見て取れる．本章では，反米主義を批判的に扱う側の言論を主な材料としつつ，こうした極点の間で動く「うねり」の内実について私見を提示してみたい．ここで「反米主義を批判的に扱う側」に着目する理由は，彼らが反米主義の問題点や矛盾をしばしば鋭く突いた反論を展開しており，その分析や主張に一定の学ぶべき点があると，筆者が判断しているからである．

1　「反米」を考える困難

　ところで,「反米」的な何かが問題にされる際には,その対局にあるはずの「親米」的（pro-American）なものが何かという問いも,避けることができないはずである.しかし上述の通り,反米論が幅広い感情のうねりを伴うものである以上,親米的なるものも,また多様な形で発現するはずであり,両者がそもそも何を意味するか,という問いかけ自体,単なるアメリカ好き・嫌いという答えに還元できない複雑さを内包した問題となろう.親米や反米が何であれ,両者はアメリカ（ニズム）をめぐっての（しばしば相互に対立する）態度や価値判断の表明であり,だとすれば,そういった態度を分析するに先立って,ここでの価値判断の対象たる「アメリカ」を明確化する必要が出てくることも自明である.

　ただし現実をみれば,「アメリカとは何か」という問い掛けそのものが,しばしば複雑な問題を孕んでいる.政治学者イヴァン・クラステフは「反米主義を定義するための,最も明白かつ論理的な方法は,アメリカニズムへの対立物として,それを定義することであろう」と,しごく真っ当に見える見解を提示する.ただし,クラステフが自認するように,まずはアメリカニズムに目を向けるという,この手法自体が一種の堂々巡りに陥らざるをえない.彼によれば,例えば「アメリカニズム」というキーワードで書籍を検索すると,通常まず出てくるのは反アメリカニズム関係のものである.つまりアメリカニズムとは,アメリカに特有とされる性格や経験を示すのみならず,反米言説のさまざまな現れ方をも反映する概念となっているわけである.クラステフは反米主義の「抗し難い魅力」の源泉を,「どういった政治的文脈・言説においても,憎しみの対象としてのアメリカをそれぞれに創造できるという事実」に求めているが,この事実自体,「親米」と「反米」が表面上は対立関係にありつつも,実はしばしば一つ物であり,前者と後者を分離して一方のみを同定することが極めて困難であることを暗示している[4].

2　アメリカ批判と反米主義

　反米主義はしばしば「捉え所のない」(elusive)，あるいは「不透明な」(murky)ものであるとされる．アラブ世界の反米主義を論じる際にしばしば引き合いに出される，著名なイスラム研究者であるバーナード・ルイスによれば，アラブ世界に拡がる「憎悪さらには暴力」の的となっているのは，アメリカ人を含む「我々」西洋人だそうだが，政治学者のティモシー・ミッチェルによれば，この種の議論のほとんどが，それを裏付けるべき社会学的なデータや，現代アラブ世界の文学，音楽，映画，大衆文化，そして政治論争といった実例を欠いているという．反米主義が「捉え所のないものに映るのは，その具体的な証拠がいっさい提示されていないからである」と，ミッチェルは喝破する．

　また反米主義は「アメリカの行為に対する反感を，アメリカそのものへの反感とつねに一緒くたにする」がゆえに，しばしば不透明なものとならざるをえない．アメリカが特定の行動によって何かしら具体的な怒りを他者の心に喚起し，そうした感情を反米主義と呼ぶならば，話は至極単純であろう．しかし問題は，このような感情と混在した形で，説明可能な理由が見当たらないアメリカ憎悪までもが，反米主義の名の下に一括して扱われていることであり，それこそ反米主義の概念が不透明なものにならざるをえない一大要因なのである．

　上記のような捉え所の無さや不透明さは，アメリカ批判あるいは反米的な言説をめぐっての解釈に，しばしば大きな振り幅をもたらすことになる．この点について，左派の国際政治学者として知られる，チャルマーズ・ジョンソンの以下の発言を手がかりとして考えてみたい．

　　アメリカの政治家やマスメディアは，9.11の自爆テロリストたちがアメリカを攻撃したと主張するが，事実はそうではない．彼らテロリストが攻撃したのは，アメリカの外交政策なのだ．彼らはすでに犠牲者であり，まさにそうであるがゆえに，弱者としての戦略にのっとり，無実の無関係者を敵として殺戮した．強者の罪状に光を当てるために無辜を傷つけることこそ，テロリズムの本義である．米国が世界に展開する軍事力は圧倒的であ

り，その敵からすれば，ペンタゴンが「非対称的な戦略」と呼ぶものだけ
が，成功の可能性を有している．9.11において見事に示された通り，そう
した戦略が実際に成功すれば，我々の強大な軍事力は無意味と化す．つま
りテロリストが攻撃目標を我々の軍に明かすことなど，ありえないのであ
る[8]．

　9.11の根本的な原因がアメリカの外交・軍事政策にまで遡れること，また反
米テロに対して一定の理解を示したようにも見えかねないジョンソンの立場
は，9.11直後のアメリカの一般世論においては，当然ながら傍流にあった．当
時のアメリカ世論の基調は，むしろ以下に紹介するジョージ・W・ブッシュ大
統領の発言に見出されるだろう．ブッシュ大統領は9.11の直後，9月20日の下
院演説で，「これはアメリカのみの戦いではなく……世界の戦いであり，文明
の戦い」だと宣言する．「自由と恐怖，そして正義と残虐は常に戦いを繰り広
げてきた」のであり，「これは進歩と多元主義と寛容と自由を信じる者すべて
の戦いなのである[9]」．ギャロップの調査によれば，まさにこの演説の直後，ブッ
シュ大統領への支持率は在任中最高の90パーセントに達する[10]．9.11以降の対テ
ロ戦争とは，大衆世論の次元では善悪の対立に還元される，まさに正義の戦争
であった．
　他方，知識人や言論人の間では，ジョンソンの分析はしばしば左派と右派の
枠を超えて広く援用された[11]．彼の立場を支持する側からすれば，9.11の原因を
アメリカ側に帰することは，むしろアメリカ外交の失策に対する正当な批判で
あった．先に挙げたブッシュ大統領の発言こそ，ジョンソンからすれば「理解
し難い一連の現実」の帰結としてのテロ行為を，「文明の衝突」といった「抽
象的価値をめぐる対立」へと単純に還元しようする暴挙であり，「アメリカ帝
国によるさまざまな企図が生み出した」意図せざる副産物たる「『ブローバック』
に対する，不誠実かつ無責任な態度」[12]なのである．イスラム原理主義者の自爆
テロを帰結したのは，アメリカの外交並びに軍事政策の失敗であり，したがっ
て，反米テロリズムの正しい理解のためには，まずもってアメリカ外交の理性
的な批判が必要とされる，というのが，ジョンソン（ならびに彼を支持する者たち）
の立場であった．

　ジョンソン（そしてブッシュ大統領）の主張の当否自体は，本章の関心ではない．むしろここで問題とすべきは，何をもって「反米」とするかが，論を立てる者，そして聴く者の立場や感情によって著しく異なりうるという，当たり前といえば当たり前の事実である．アメリカ合衆国の政策や価値観への批判は，一方でアメリカ国民の感情を無視した反米言説にもなるし，他方で傾聴すべき真っ当な議論にもなる．ある言論を「反米」と断じることには，かくして一定の危険がつねに伴う．それは反米主義を糾弾するという大義名分のもとに，アメリカ合衆国による個々の具体的な行動に対して，あってしかるべき批判としての分析や論評までも糾弾の対象にしてしまう，という危険である．

3　相互に矛盾する反米

　反米主義の捉え所のなさや曖昧さに鑑みれば，反米（そしてアメリカ〔ニズム〕）とは何かという問いに本質主義的な答えを与えることは，おそらく不可能だろうし，実際，否定的見解という点では共通する世界のさまざまなアメリカ解釈が相互に矛盾をきたす事態は，しばしば見受けられる．例えば，ヨーロッパ人，特にライシテを強力に擁護するフランス人にとって，アメリカ文化の宗教性はしばしば耐え難いほど過度に映るが，これがイスラム世界に行くと，話は正反対となる．イスラム世界におけるアメリカとは，信仰への冒涜と悪徳への誘惑を体現する存在である．中東研究者ファウアド・アジャミが紹介する，2009年6月のBBCの世論調査によれば，フランス人の78％が米国を「宗教的な」国であるとみなした一方で，アメリカを宗教的とみなすヨルダン人はわずか10％だったという．「世俗主義者の目には信心深い存在に，敬虔な信者の目には罰当たりな存在に映る──これこそが他国における米国観なのである」[13]．

　したがって，反米主義とは思想的に明確な核を持つ一連の言説としては措定されえず，むしろ「さまざまなイデオロギーや不安感や政治戦略がそこに一緒くたに放り込まれ，組み替えられたり再利用されて新たに生まれ変わっていく」という点で，なるほど「手品師の帽子」のようなものなのかもしれない．こうして反米言説はしばしば左右の別を問わず発現し，しかも折々の政治状況に沿って形態を変える．「我々がいま目撃しているのは，単一の反米主義という

よりは，むしろ複数の反米主義（anti-Americanisms in the plural）なのである」[14)].

　さらに言えば，現代世界の反米主義を，例えば単一のグローバル規模の説明で解説しようとするのは，おそらく無益である．アメリカはイスラムに敵対するがゆえに憎悪される，というのは，中東に関する限りは正しい説明となろう．しかし他方で，アメリカがバルカン半島の住民によって憎悪されるのは，その親イスラム的な，ということは，つまりは親アルバニア的な態度のゆえである．イスラム原理主義者の間で，アメリカはしばしば，近代性の権化と捉えられる．しかし一方で，アメリカ人が持つ死刑制度や過度のキリスト教信仰を理由として，彼らの近代性の未熟を断罪してきたのは，ヨーロッパの側である．こうして「アメリカ合衆国は世界をグローバル化しているがゆえに断罪され，またグローバル化に対して『一国主義的に』（unilaterally）抵抗していることを理由としても，断罪されるのである」[15)].

4　偏見としての反米主義

　以上の話は要するに「超大国は何をやっても嫌われる」ということなのかもしれないし，だとすれば，反米主義とはアメリカが大国であるという，その事実自体を反発の根拠として現れる感情や言説であるとも言えよう．このような意味での反米主義は，反米主義研究者として知られるアンドレイ・マルコヴィッツの要約を借りれば，「アメリカならびにアメリカの事物に対して一般化・包括化された……嫌悪であり，それは明確な理由や具体的な原因をしばしば欠く」という点で，いわば「お約束の（normative）嫌悪」と呼ぶことができる[16)].

　要するに「アメリカ」に由来し結びつくものは何であれ唾棄すべし，という，一種の偏見であるが，こうした偏見としての反米主義に関しては，すでにさまざまな定義や特徴の指摘がなされている．例えば政治学者のジェームズ・シーザーは，ヨーロッパ思想における反米言説の系譜を描きつつ，反米とは「アメリカ合衆国と結びつきアメリカ的な生の中核にある何かが，根本的に不正であり，したがってアメリカ以外の世界を脅かすものだという，特異な考えに基づいている」と捉える[17)].

　また政治学者のポール・ホランダーによれば，反米主義とは「アメリカ合衆

国とアメリカ社会に敵意を持とうとする性向であり，アメリカの社会や経済や政治制度さらには伝統と価値観を執拗に批判しようとする衝動である」．そうした反米の具象としては，アメリカ文化の世界的拡散を敵視する態度，アメリカ人の国民性や行動様式さらには服装への軽侮，アメリカの外交政策の否定などが挙げられようが，現象形態としては多様でありうるにせよ，その根底には「アメリカの影響と存在が世界中で悪であるとの確固たる信念」があり，つまりアメリカ合衆国への全面的な敵意が，すべての判断の前提として刷り込まれた状態こそが反米主義であるとされる[18].

　何にせよ，反米主義とは根深い1つの偏見であり，それがさまざまに現出することで，時に相互に矛盾するような種類の広範な反米言説が可能になるわけである．反米主義のこうした融通無碍さについて，「反米には古典的な偏見のあらゆる言回し（tropes）が備わっている」とのマルコヴィッツの指摘は，それなりに正鵠を射ているように思われる[19].

5　自業自得論としての反米主義

　上にあげた一連の議論に見られるように，反米主義は一種の偏見である，というのは，少なくとも9.11以降のゼロ年代に現れた反米解釈や批判において，主流あるいは共通の理解となっていった．社会学者のトッド・ギトリンの指摘によれば，反米主義とは客観分析や道義や理念や行動指針といった多様な外観を装いつつも，その本質においては「1つの感情」であり，本質が感情であるからこそ，例えばアメリカ外交への批判といった，それ自体が理知的態度を要する言論は，しばしばアメリカという「1つの国民や文明への憎悪」へと容易に転化してしまう[20].

　こうした感情としての反米主義の極点にあるのが，9.11後に主にヨーロッパで顕著化した，超大国アメリカをめぐる一種の自業自得論であった．「それってアメリカの自業自得だろう（The United States had it coming）」という感情は，イギリス人学者のメアリー・ビアードが指摘するように，世界の「多くの人々が公然と，あるいは暗黙に思っていること」ではなかったか[21]．特に9.11後のヨーロッパにおいて現れた言論には，この種の自業自得論がしばしば登場する．そ

の中でも最も有名なのは，フランス人ジャーナリストのジャン＝マリー・コロンバニの以下の発言であった．

> アメリカの当局がどうやらそう考えているように，ビン・ラディンが本当に9.11を命じた者であったとするならば，彼が CIA によって訓練されたという事実や，したがって彼が反ソビエト政策のひとつの産物であり，そういう政策をアメリカが賢明だと考えたという事実を，いったい我々は忘れることができるのか？ この悪魔を生み出したのは，アメリカ自身ではなかったのだろうか．[22)]

　アメリカ自身の過去の外交政策が反米テロとしての9.11の遠因である，という状況認識に基づき，コロンバニは「アメリカ自身の不実が，ついに現実のアメリカに追いついた」という解釈を提示する．[23)] これは客観的かつ傾聴すべき1つの現状分析なのか，あるいは，その本質は反米感情の吐露にすぎないのか——この点，聴く者の立場によって評価が著しく分裂しうることは自明であり，この点，先に紹介したチャルマーズ・ジョンソンの所論をめぐっての場合と同様である．

6　反米主義と反米主義批判
——どちらが「パフォーマティブ」か？——

　コロンバニの以上の発言は，現代ヨーロッパの反米的な言説の中でも比較的有名なものであるが，これを含めて，フランス発の反米主義は特にアメリカ側の耳目を集めやすい．アメリカはフランスを中心とするヨーロッパ世界において長らく不当に貶められてきた，という意識はアメリカ側に根強く，だからこそ，アメリカ側はフランスの反米には特に敏感に反応するという事情もあろう．[24)]

　しかし，ある主張が反米的であるという言い方自体に，すでに一定の価値判断が含まれていることは否定できない．フランスの思想・哲学を専門とする増田一夫はこの点に関して，反米とは事実の叙述ではなく，むしろ「それ自体が一定の価値を付与し，判定もしくは評価という行為をおこなうパフォーマティヴな，すなわち行為遂行的な概念」であり，それゆえ「倫理的断罪の要素を含

んでいる」と指摘する．「『反米』と形容された言説の担い手は，アメリカについて冷静かつ客観的な判断をおこなう以前に憎悪の持ち主であり，敵意の持ち主であり，かたくなな悪意の持ち主であると認定されてしまうのではないのか．その結果，「反米」的人物がアメリカに対して批判的な指摘をしても，それに耳を貸す必要はないとされるのではないのか」——増田はこうした認識の過程の中に「同意しようとせぬ相手を疎み，拒み，敵視するという心理機構」を感知している[25]．

　しかし，何者かが反米であるとあげつらう態度に潜む上記のような「パフォーマティヴ」な性質は，実はそうした態度を批判する側の言説にも多分に見て取れるのではないか．「相手の言葉をはねつける強力な楯としての『反米』」が政治的言動へと転化した際，「『われわれの側』に付かない者は『テロリストの側』にあるという断定」へと至りがちであるという増田の指摘は，一応もっともである．ただし，反米主義に批判的な言論を，このような二項対立へと還元してしまう増田の手法もまた，（断罪には至らぬながらも）一定の倫理的判断に基づいていることは否定できないように思われるし，だとすれば，反米を批判する言論の諸相を極端に平板化しているという点で，「相手の言葉をはねつける強力な楯」として機能しているとは言えないであろうか．

7　アメリカ自業自得論の陥穽

　自業自得論は，その指摘が当たっていなければ，単なる不当な非難や偏見の表明であるし，当たっていても場合によっては節度をわきまえぬ暴論になるという点で，ときに極めて危うい議論たりうる．

　もともと9.11をめぐるヨーロッパ世論において，アメリカ自業自得論は主流ではなく，アメリカ人，とりわけ直接の被害者となったニューヨーク市民に対して，一般のヨーロッパ人は当初，非常に同情的であったという[26]．一方で，ヨーロッパの文化エリートたちの主張は，これとは正反対であった．彼らによれば，「アメリカはイラク空爆を続けるがゆえに戦争を避けられ」ず，「多くのアメリカ人は自分たちの善意を盲目的に信じた結果，アメリカという国家の行動が国益の無法な追求であると各所で捉えられていることに気づいていない」．こう

した認識に基づき，例えばオサマ・ビン・ラディンとの関係が疑われたスーダンの製薬工場の爆撃，イスラエルへの兵器援助とパレスティナへの冷淡な態度，さらにはルワンダでの大量虐殺への非介入方針までもが，アメリカが自身に災厄を招き寄せた原因として指弾される[27)]．つまり9.11は明らかにアメリカ人がみずから招いた結果であり，「ベトナムからグローバリゼーション，さらにはネイティブ・アメリカンの虐殺からドレスデン空襲に至るまで，アメリカ人が過去に犯した数々の悪行への当然の報い」なのである．すでに2001年末には，ヨーロッパにおいて「9.11の悲劇を面白がる」多数の出版物が現れたという[28)]．9.11はアメリカ政府の陰謀だと唱える書籍が次々とベストセラーになり，またフランス人思想家ジャン・ボードリヤールが世界貿易センタービルの破壊を「誰もがその破壊を夢見ずにはいられない」と形容し，「それを実行したのは彼らだが，望んだのは私たちである」と宣言したのも同時期であった[29)]．

　9.11以降のヨーロッパ，特にフランスにおける上記のような反米主義の奔流に際して，マルコヴィッツは，ヨーロッパ（特にフランス）知識人の間に根強い，アメリカへの「毛嫌い」（antipathy）の感情が，彼らの知性あるいは教養，さらには両方を明らかに凌駕した」状況の意味を，以下のように看取している．

　　武装イスラム集団（GIA）が実際に狙っていたように，仮に1994年12月24日，エールフランスエアバスA-300，8969便がパリのエッフェル塔に突入したとしよう．そうなった場合，例えば12月26日と27日に『ニューヨーク・タイムズ』や『ワシントン・ポスト』といった有名な新聞上で，フランスがインドシナやアルジェリアで犯した多くの軍事的そして政治的な過ち，さらには残虐行為を引き合いに出して，この種の犯罪行為を事実上免罪するような論説を長々と書くような者が，アメリカ知識人の中にいるとは思われないし，そうした輩が多数出てくるはずもない．また，フランス政府やイスラエルのモサド，あるいは9.11にかかわっていると巷間噂されるさまざまな集団が登場する陰謀論のオンパレードを，アメリカの知識人たちが繰り広げることもないであろう．また，この恐るべき悲劇が仮に現実になったとすれば，こうした犯罪行為は実はフランス大統領によって計画され実行されたと主張する本が，アメリカの知識人によって書かれ，さらにはア

メリカでベストセラーになるとも，私には到底思われない．しかし，これはすべてヨーロッパで実際に起こり，しかも彼らの知性と教養からすれば，そんなことはまずありそうもない社会集団の中から，特に顕著に生じたのである[30]．

　上記にある「武装イスラム集団」とは，アルジェリアのイスラム主義組織 GIA（al-Jama'ah al-Islamiyah al-Musallaha; Groupe Islamique Armé）のことであり，1994年12月のアルジェ空港でのエールフランス8969便ハイジャック事件の犯人グループとして，フランス人の記憶にいまなお根強く残る存在である．こうしたセンシティヴな実例をあえて持ち出すマルコヴィッツの議論は，一見して感情的反論に映るかもしれないリスクを犯しながらも，その根幹は明確な論理で一貫している．すなわち，アメリカの行為や現状に対する批判はあってもよいし，あってしかうべきものだろうが，であるにせよ，それを表明するための適切な時と場所はあるだろう．そうした「適切な時と場所」として，9.11直後という時期がヨーロッパ知識人によって選ばれたという事自体が，反感あるいは偏見としての反米主義の1つの発現ではないか，という問題提起である．

8　ヨーロッパ反米主義の動機
──1つの理不尽──

　反米主義がマルコヴィッツの述べるような偏見だとすれば，そうした言論へと向かう彼らの動機はいったい何なのであろうか．
　世界の反米主義の動機を考えるにあたって，（極めて大まかな分け方ではあるが）ヨーロッパと非ヨーロッパの違いを考慮することは重要であろう．話をあえて単純化すれば，超大国アメリカはヨーロッパ以外の（つまり非西洋）世界にとって，後者の政治経済のみならず，しばしば一般大衆の日常次元でも何らかの深刻かつ現実的な問題を引き起こす厄介な存在であり，だからこそ彼らには，何であれ「アメリカの支配」なるものに反発する理由がある．
　他方，特に第二次大戦後の世界秩序において，ヨーロッパが超大国としてのアメリカから，政治や経済や文化といった次元でさまざまな影響や圧力を受け続けてきたことは確かにせよ，ヨーロッパにとってのアメリカとは，むしろ前

者のアイデンティティ形成に関わる一大要因であったことは，注意されてよい．
ヨーロッパにとってのアメリカとは長らく，自己の優越を確認するためのアイ
デンティティの鏡，つまり劣った「他者」として機能してきたのであり，ヨー
ロッパにおける伝統的アメリカ像の基調は，「ヨーロッパの野卑な孤児」，つま
りヨーロッパにとって不要かつ過剰な，あるいはヨーロッパから脱落した人々
の集積地であった．無論，「約束の地」としてアメリカを理想化する見方は，
例えば移民を魅了するアメリカン・ドリームといった形で存在し続けたものの，
それと比べてみても，ヨーロッパの否定的アメリカ像は，はるかに強力かつ分
厚い歴史と内容を持っている．現代の反米主義も，そういった伝統の延長とし
て捉えることは可能であろう．[32]

　伝統的な継承物としての，アメリカへの文化的優越感と，第一次大戦後の世
界秩序において顕著となった，アメリカの強大化とヨーロッパの相対的な斜陽
化は，前者に対する複雑な感情を後者の側に生んだ．落ちぶれつつあるヨーロッ
パは，いまや大国と化したアメリカをさまざまな点で準拠枠としつつも，同時
にそれに抗う形で自身の地政学的なアイデンティティを再構築する必要に迫ら
れたのである．[33] 後に欧州共同体(EC)さらには欧州連合(EU)に結実するヨーロッ
パ統一への意志の萌芽，そして反米主義との関係は，ヨーロッパにおける伝統
的アメリカ観と，第一次大戦以降，第二次大戦を経てさらに拡大し続けたヨー
ロッパ・アメリカ間の不均衡な権力関係という，2つの要素に深く根ざすもの
である．この点に関連して，政治哲学者のハンナ・アレントは以下のような観
察を示している．

　　どんなナショナリズムであれ……現実の，あるいは偽造された，共通の敵
　　から生まれるとすれば，現代ヨーロッパにおけるアメリカ・イメージは，
　　新たな汎ヨーロッパ・ナショナリズムの起源となりうる……ヨーロッパが
　　自身の未来像として求め，あるいは恐れるものが何であれ，彼らがもはや
　　それをアメリカの中に見出したがっていないのは明らかであり，ゆえに
　　ヨーロッパ政府樹立の営みはアメリカからの解放であると，捉えられがち
　　なのである．[34]

　アレントのこの観察がなされたのは1954年のことであるが，現代においても，

ヨーロッパ反米主義の要所の１つをそれなりに正しく押さえた観察であるかと
思う．統一ヨーロッパの思想的バックボーンたるべき汎ヨーロッパ・ナショナ
リズムには，何かしらの強大な共通の敵が必要だったとすれば，そうした必要
を満たしたのが伝統的に継承あるいは再生産されてきたアメリカ・イメージで
あった，というのは一応筋の通った解釈である．

　ただし，アレントによる1950年代の発言が，その後の反米主義の状況を語る
うえでも一定の説得力を持ち続けたのは，ひとつには1992年のEU成立という
事実が背景にあったからとも言えよう．本章執筆の時点で，EU離脱をめぐり
国民世論が紛糾を極めた観のある現代イギリスに典型的なように，いまや統合
ヨーロッパ（のすべてではないにせよ，その重要な構成要素）は，国民国家への強い
郷愁を有するナショナル・アイデンティティ集団へと再分裂を起こしつつある
ように見える（追記：その後，イギリスは2020年１月末にEUを正式離脱）．ヨーロッ
パ共通のアイデンティティあるいは汎ヨーロッパ・ナショナリズムの凝集力が
衰えた観のある現代，ヨーロッパの反米主義もそれにともなって勢いを緩めて
いるのかと問えば，（次の項目で紹介するように）そんなこともあまりなく，どう
やら形を変えつつしっかり継続しているようである．アレントの上記の解釈は
ヨーロッパ統合という文脈においては極めて腑に落ちる解釈であるけれども，
統合への志向が弱まったかに見える現代においても，反米の潮流は依然として
根強く存在しているという現実に照らせば，その分析の説得力もまた減じられ
たと言わざるをえず，むしろヨーロッパ反米主義の動機はやはり一種理不尽な
感情の次元にあるのでは，という何だかスッキリしない思いを，さらに深めざ
るをえない．

おわりに
──「自分探し」の迷走──

　反米主義やその批判をめぐって，以上で用いた文献の多くはゼロ年代に出版
されたものである．他方，反米主義の的たる現実のアメリカ合衆国がその後に
大きく変化したことは，本問題を考えるうえで見逃せない．「超大国は何をやっ
ても嫌われる」と私は本章で先に述べたが，アメリカが2001年の同時多発テロ
時点と同じ意味で現在も超大国であるのかと問えば，現代アメリカ人の多くは

これに否と答えるであろう．かつては世界を圧倒していたアメリカ合衆国であるが，その衰退がもはやアメリカ人にとっても否定できない現実と化していることは，彼らの多くが30年後の近未来にさまざまな点での自国の凋落を予見しているという，世論調査の結果を見ても確認できる[35]．

　ただし一方で，いまや超大国から並の大国へと滑り落ちつつあるように見えるアメリカは，依然として世界の各所で嫌悪の対象であり続けている．特に2017年，トランプ大統領の就任以降は，この傾向が再び顕著となっている．アメリカを脅威と見る他国民は依然として多いし，国際関係においてアメリカの果たすべき役割という点で，「トランプのアメリカ」に対する世界の信頼度は，一部の例外はあるものの，オバマ前大統領の時代と比べて目立って下回っている[36]．多くのアメリカ人が自国の衰退を実感している時代の真っ只中で，国際的には歴代で最も不人気であろう大統領に率いられたアメリカ合衆国は，なるほど侮蔑の対象になって然るべきかとも思われるが，にもかかわらず，頼れる国家として同国に心を寄せる世界の人々も，まだまだ多数を示している[37]．

　世界におけるアメリカ合衆国の地位とは，アメリカが世界に対して有する意義や，そうした意義に関するアメリカ人の自負の反映である．これから反米主義がどう変わっていくかを俯瞰することは私の手に余るものの，かつて自明とされてきたアメリカのプレゼンスが大きく揺らいでいるように見える現在，仮に現実のアメリカ合衆国が圧倒的な世界覇権を失っていくと想定するならば，具体的かつ根拠ある批判を逸脱した「アメリカ総体に対するシステマティックな反対[38]」もまた，言論としての説得力や魅力を著しく減じざるをえないのではないか，とは漠然と感じている．この点について参考になると思われるのは，ジャーナリストでアメリカ研究者でもある近藤健の以下の観察である．

　　アメリカの葛藤とそこに示される矛盾は，反面教師としてのアメリカでもある．もし，アメリカの理念を全面的に拒否するという本質的な反米主義を主張するのであるならば，それに代わる主義と運動を必要とする．共産主義の失敗後，そのような主義や運動を生みだせないとき，反米主義は資本主義システムのなかでの自分探しの域にとどまらざるをえないのである[39]．

　イラク戦争を契機として世界に現れた「反米感情のうねり」の底流に，アメリカ（ニズム）をネガティヴな準拠枠とする対抗アイデンティティへの希求，つまり「自分探し」の営為があったのだとすれば，アメリカがかつての力と輝きを失いつつあるように見える現在，そうした「自分探し」もまた迷走せざるをえないのかもしれない.

　本章冒頭に挙げた吉見俊哉は『親米と反米』の中で，世界に拡散する嫌米気分，盤石に見えたアメリカのヘゲモニーが衰退に向かう可能性，ポスト冷戦期の世界情勢に際して現出しつつある米軍と自衛隊の一体化と，それに対して日本の一般大衆が抱くであろう警戒感といった一連の流動的な要因に言及しつつ，「いわば『アメリカ』としての戦後日本，日本が謳歌してきたポスト帝国的秩序が何を自明化し，何を見えなくしてきたのかを，『親米』と『反米』という二項対立を内破して問い返し，アジアとの，歴史との，そして多様で複数的な自己との，真に反省的な再会を果たしていく必要がある」と主張している[40].

　他方，1967年に日本に生まれ，爛熟する戦後親米社会の中で齢を重ねて現在もダラダラと日本に暮らす私からすれば，なるほどアメリカは凋落しつつあるように見えるにせよ，それが近未来的な日本の国益にとって有意な程度に速いか遅いかは当面予見できず，アメリカニズムが戦後日本社会さらには近代日本にもたらした進歩と豊かさについても，それに替わるべき価値ある何かが，吉見の挙げる「アジア」の中に存在したとは，到底考えられない.「アジアとの……そして多様で複数的な自己との，真に反省的な再会」なるものは，少なくとも私の（ような人間の）内部では起こりそうもなく，むしろ，「アジア」という虚像を掲げて「『アメリカ』としての戦後日本」を問い直そうとする態度こそ，安定的に継続すべき日米関係への無意識の依存，ならびにアメリカニズムへの内心の賛美の両方をどうしようもないほどに前提とした，拙論の文脈に沿って言えば極めて「感情的」な「自分探し」の，1つの現出例ではないかと思われるのである[41].

注

　1）本章執筆の時点でWorldcat（https://www.worldcat.org/）上に"anti-Americanism"

　という件名で登録されている書籍は，私の検索によれば3098冊である．同一の書籍が複数登録されている場合もあるので，上記の数値が厳密に正確とは言えないにしても，出版年を基準にその内訳を見ると，2001年には53冊であった出版数が，2003年から2008年の間は概ね90〜100冊あまりの間で推移している（2002年には67冊，2003年には102冊，2004年には104冊，2005年には96冊，2006年には99冊，2007年には104冊，2008年には95冊）．2009年以降から2017年にかけれは，これが（2013年の78件を除いて）50〜60件に戻っている．

　反米という現象自体は別に目新しいものではない．特にヨーロッパのそれは一定の歴史を有しており，以下の註釈に見て取れるように，当該分野の先行研究も充実している．

2）ただし本書を反米主義研究と呼んでよいのかと問われれば，私にはいささかの躊躇いもある．『親米と反米』というタイトルにもかかわらず，本書の大半は親米国家・社会としての近代日本，特に戦後日本の歴史を扱うものだからである．

3）吉見俊哉『親米と反米──戦後日本の政治的無意識』（岩波書店〔岩波新書〕，2007年），8．

4）Ivan Krastev, "The Anti-American Century?" Ivan Krastev & Alan L. McPherson eds., *The Anti-American Century*（Budapest & New York: Central European University Press, 2007）: 10–11.

5）Bernard Lewis, "The Roots of Muslim Rage: Why so many Muslims deeply resent the West, and why their bitterness will not easily be mollified," *The Atlantic*, September 1990, internet, https://www.theatlantic.com/magazine/archive/1990/09/the-roots-of-muslim-rage/304643/（2019年9月1日閲覧）．

6）Timothy Mitchell, "The American Power and Anti-Americanism in the Middle East,"Andrew Ross and Kristin Ross, eds., *Anti-Americanism*（New York & London: NYU Press, 2004）: 88.

7）Andrei S. Markovits, "The Anti-American Mindset," in Brendon O'Connor & Martin Griffiths eds., *Anti-Americanism: History, Causes, and Themes. Volume 1: Causes and Sources*（Oxford & Westport, Connecticut: Greenwood Publishing Group, 2007）: 15.

8）Chalmers Johnson, "Blowback: US actions abroad have repeatedly led to unintended, indefensible consequences," *The Nation*, September 27, 2001, internet, http://www.thenation.com/article/blowback/（2019年9月1日閲覧）．

9）Transcript of President Bush's address, September 21, 2001, internet, http://edition.cnn.com/2001/US/09/20/gen.bush.transcript/（2019年9月1日閲覧）．

10）"Presidential Approval Ratings — George W. Bush," https://news.gallup.com/poll/116500/presidential-approval-ratings-george-bush.aspx（2019年9月1日閲覧）．

11）Michael Schwalbe, *Manhood Acts: Gender and the Practices of Domination*（2014, reprint, New York: Routledge, 2015）: 88, 186（endnote 16）．ジョンソンの*Blowback*（邦訳『アメリカ帝国への報復』〔鈴木主税訳，集英社，2000年〕）はもともと東アジア圏を

主な対象とした著作であり，2000年の最初の出版時においては，学界の一部を除けば大して注目もされていなかった．9.11直後，反米テロ解釈に適用されたジョンソンの議論は突如として注目を集め，「ブローバック」という用語はハンチントンの「文明の衝突」と並んで，「ほとんど一夜にして」流行語と化す（David Holloway, *9/11 and the War on Terror* [Edinburgh: Edinburgh University Press, 2008]: 17）．2004年出版の*Blowback*改訂版はベストセラーとなった．

12) Johnson, "Blowback."

13) Fouad Ajami, "The Falseness of Anti-Americanism," *Foreign Policy*, October 30, 2009, internet, http://foreignpolicy.com/2009/10/30/the-falseness-of-anti-americanism/（2019年9月1日閲覧）．

14) Krastev, 9.

15) Ibid.

16) Andrei S. Markovits, *Uncouth Nation: Why Europe Dislikes America*（Princeton & Oxford: Princeton University Press, 2009）: 17.

17) James W. Ceaser, "A Genealogy of Anti-Americanism," *The Public Interest*, Summer 2003, internet, http://www.thepublicinterest.com/archives/2003summer/article1.html（2019年9月1日閲覧）．シーザーによる反米主義分析は，彼の著作*Reconstructing America: The Symbol of America in Modern Thought*（New Haven: Yale University Press, 2000，邦訳『反米の系譜学──近代思想の中のアメリカ』〔村田晃嗣，伊藤豊，長谷川一年，竹島博之訳，ミネルヴァ書房，2010年〕）において，さらに詳細に展開されている．

18) Paul Hollander, *Anti-Americanism: Irrational and Rational*（1992, reprint, New Brunswick & London: Transaction Publishers, 1995）: 339.

19) Markovits, *Uncouth Nation*, 17.

20) Todd Gitlin, "Anti-Anti-Americanism," *Dissent* 50, no.1, Winter 2003, 103–104.

21) Mary Beard in *London Review of Books*, October 4, 2001, internet, http://www.lrb.co.uk/v23/n19/nine-eleven-writers/11-september（2019年9月1日閲覧）．

22) Jean-Marie Colombani, "Nous sommes tous Américains," *Le Monde*, Editorial publié dans l'édition du 13 septembre 2001, internet, https://www.lemonde.fr/idees/article/2007/05/23/nous-sommes-tous-americains_913706_3232.html（2019年9月1日閲覧）．

23) Ibid.

24) こうした反応の原因を考える際に，現実の米仏関係が歴史上極めて安定して推移してきたという背景は，無視できないように思われる．ヨーロッパの三大国である英仏独のうち，アメリカ合衆国との戦争を経験していないのは（いわゆる"Quasi War"[1798-1800]の時期を除いた）フランスのみであり，「近い将来にそういうことが起こりうると考えること自体，明らかに馬鹿げている」．また，第二次大戦後に限定しても，米英

主導の NATO の統合指揮権からのフランスの脱退，湾岸戦争そしてイラク戦争に至る
まで，両国の間にしばしば深刻な対立があったことは事実にせよ，そういった対立も「い
ろいろ頻繁にあるが根本では友好的な関係という話の中で起こる」ことにすぎない
(Irwin M. Wall, "Anti-Americanism in France and the Crisis over Iraq," in Brendon
O'Connor & Martin Griffiths, eds. *Anti-Americanism: History, Causes, and Themes,*
Volume 4: In the 21st Century [Oxford & Westport, Connecticut: Greenwood
Publishing Group, 2007]: 39). 要するに，フランス反米主義に対するアメリカ側の敏感
さは，自分の仲間だと思っていた相手から悪し様に罵られた際の，当惑と怒りの反映と
して捉えられよう.

25）増田一夫「いかにアメリカを語らないか？──「最悪の友」からの言葉──」，『東京
大学アメリカ太平洋研究』vol. 8（March 2008）: 37.

26）Markovits, "The Anti-American Mindset," 38.

27）Steven Erlanger, "A NATION CHALLENGED: VOICES OF OPPOSITION; In
Europe, Some Critics Say the Attacks Stemmed From American Failings," *The New*
York Times, Sept. 22, 2001, internet, https://www.nytimes.com/2001/09/22/world/
nation-challenged-voices-opposition-europe-some-critics-say-attacks-stemmed.html（2019
年 9 月 1 日閲覧）.

28）Markovits, "The Anti-American Mindset," 38-39.

29）Jean Baudrillard, *L'Esprit du Terrorisme*（2002），邦訳『テロリズムの精神』,『パワー・
インフェルノ』（塚原史訳，NTT 出版，2003年）: 11.

30）Markovits, *Uncouth Nation*, 133-134.

31）Brenton O'Connor's "Series Preface" to Brendon O'Connor & Martin Griffiths, eds.,
Anti-Americanism: History, Causes, and Themes. 4 Volumes（Oxford & Westport,
Connecticut: Greenwood Publishing Group, 2007）: viii.

32）シーザー『反米の系譜学』を参照. ヨーロッパ反米主義の中核たるフランス反米主義
については，フィリップ・ロジェ（Philippe Roger）の重厚な研究（*L'Ennemi*
américain: Généalogie de l'antiaméricanisme français [2002]，邦訳『アメリカという敵
フランス反米主義の系譜学』〔大谷尚文，佐藤竜二訳，法政大学出版局，2012年〕）があ
る.

33）この傾向は特にフランスにおいて顕著であったという. 詳しくは Colin Nettelbeck,
"Anti-Americanism in France," in Brendon O'Connor & Martin Griffiths eds., *Anti-*
Americanism: History, Causes, and Themes. Volume 3: Comparative Perspectives
（Oxford & Westport, Connecticut: Greenwood Publishing Group, 2007）を参照.

34）Hannah Arendt, "Dream and Nightmare: Anti-American Feeling in Europe,"
Commonweal, September 10, 1954, internet, https://www.commonwealmagazine.org/
dream-and-nightmare（2019年 9 月 1 日閲覧）.

35）Kim Parker, Rich Morin and Juliana Menasce Horowitz, "Looking to the Future,

Public Sees an America in Decline on Many Fronts: Majorities predict a weaker economy, a growing income divide, a degraded environment and a broken political system" (March 21, 2019, internet, https://www.pewsocialtrends.org/2019/03/21/public-sees-an-america-in-decline-on-many-fronts/ 〔2019年 9 月 1 日閲覧〕).

36) Richard Wike, Bruce Stokes, Jacob Poushter and Janell Fetterolf, "U.S. Image Suffers as Publics Around World Question Trump's Leadership: America still wins praise for its people, culture and civil liberties" (June 26, 2017, internet, https://www.pewresearch.org/global/2017/06/26/u-s-image-suffers-as-publics-around-world-question-trumps-leadership/ 〔2019年 9 月 1 日閲覧〕).

37) Richard Wike, Bruce Stokes, Jacob Poushter, Laura Silver, Janell Fetterolf and Kat Devlin, "Trump's International Ratings Remain Low, Especially Among Key Allies: Most still want U.S. as top global power, but see China on the rise" (October 1, 2018, internet, https://www.pewresearch.org/global/2018/10/01/trumps-international-ratings-remain-low-especially-among-key-allies/ 〔2019年 9 月 1 日閲覧〕).

38) Krastev, 10.

39) 近藤健『反米主義』(講談社〔講談社現代新書〕, 2008年)：249.

40) 吉見俊哉『親米と反米』, 235.

41) 比較文学者の小谷野敦は江藤淳の反米をめぐって, 「江藤の反米感情は, あたかも子供が父に逆らって, どこまで許してくれるか試しているようなところがあった」(『反米という病　なんとなく, リベラル』〔飛鳥新社, 2016年：138〕) と指摘しているが, これは江藤の反米ナショナリズムについてのみならず, あえてアメリカとは異なるオールターナティヴを求めるという意味での, 戦後日本的な「自分探し」全般にも該当するだろう. 昨今各所で語られ実感されているようなアメリカの現実的な弱体化あるいは劣化を, 実は内心で最も想定していなかったのは, 「反米感情のうねり」の最中で浮いたり沈んだりする「自分」を問題視できる程度のカネとヒマに恵まれた, 一部の知識階級のみではなかったか？

あとがき
──「アメリカ」という問題群──

はじめに
──問題の所在ならびに本書の方法──

　我々が「『アメリカ』とは何か？」と問う際，そこには概して2つの問題が含まれるように思われる．まずもって「アメリカ」とは，現実に存在するアメリカ合衆国を多少なりとも指しており，その政治経済上のあり方や国際世界における（時に我儘かつ傲慢な）振る舞いと不可避的に結びつく概念である．他方，「アメリカ」は上記のような現実世界の次元を超えた，巨大かつ多面的なイメージの生成の過程自体にかかわる概念でもある．もちろん現実のアメリカ合衆国とイメージとしてのアメリカは，しばしば相互に深く影響しているわけだが，同時にアメリカというイメージが現実のアメリカ合衆国とは大幅に異なる，独自の実体と化していることも，また否定できまい．

　本書が分析の対象とするのは，上記のような現実のアメリカ合衆国とイメージとしてのアメリカという，2つの極点の間で喚起されてきた様々な「アメリカ」の姿であり，またそこに孕まれる一連の問題群である．第Ⅰ部「日本文化における『アメリカ』」では，主に近代日本文学・文化の領域に現れた「アメリカ」の姿を，各論者がそれぞれの主題に沿って検討している．第Ⅱ部「アメリカ言説の諸相」では，現実のアメリカ合衆国に由来しつつも，それとは一線を画しつつ語られていく「アメリカ」（つまり「アメリカ言説」）が，知識人や大衆の間でどのように展開してきたかについて，日本以外の事例も含めた考察がなされている．

　「アメリカ」を形成してきたのは，何もアメリカ人自身に限らない．「アメリカ」とは，アメリカ以外の国々や地域の人々によるアメリカ理解や，彼らのアメリカ観の産物でもある．特に非アメリカ人が有するアメリカ観を考える際には，彼らが有する「アメリカ」へのさまざまな感情や意見，恐怖感や反発，合衆国への反動として成立する彼らのナショナリズム，言論や思想，そして文化

や宗教といった要素に，バランスよく目配りすることが必要となろう．

　さらに言えば，「アメリカ」なるものを包括的に検討する場合，世界の人々が歴史の節目節目で有してきた多様なアメリカ観を比較しつつ，それらの淵源を探求することが求められるだろう．「アメリカ」とは現代の現象であるのみならず，それ自体が歴史の産物でもある．過去からのアメリカ観が，現代のアメリカ観を形成する際にいかなる影響を及ぼし，また選択的に活用されてきたか，その過程や選択の動機を探ることも，「アメリカ」を解明するに当たっての重要な課題の1つである．

　アメリカ言説は，しばしば極論の間を揺れ動いてきた．それは，現実世界におけるアメリカ合衆国の国際的な地位や行動に影響される時もあり，あるいは現実のアメリカ側の態度や変化とは無関係に，世界の対米感情が，時に説明不能と思わざるを得ないような種類の不可解な移ろいを示す場合もある．世界の対米観の流動は，現実のアメリカ合衆国の行動やあり方とは，実のところ必ずしも連動していない (Barry A. Sanders, *American Avatar: The United States in the Global Imagination* [Washington D.C.: Potomac Books, 2011] : x-xi)．むしろ，我々はこうした表層の変化の下に，彼らのアメリカ言説（の揺らぎ）を基礎づける，何かしら長期的な底流といったものを想定すべきではないだろうか．移りゆくアメリカ言説を考察する際には，一定の長いタイム・スパンをもって，この主題に関連する諸々の現象を分析の俎上に載せたうえで，それらを貫流する根本的かつ一貫したダイナミズムに着目する必要があろう．

　以上，「アメリカ」を探求するうえでの課題を思いつくままに書き連ねてみたが，こういった課題に対して体系的な答えを与えることは，もちろん誰にとっても容易ではない．「アメリカ」は世界の人々に強大かつ広範な影響を刻印しつつも，そうした影響が一様なものではなく，あえて極言すれば人の数だけさまざまな形に分化した「私の『アメリカ』」であったことも，また真実ではないだろうか．そもそも「アメリカ」が一枚岩の概念であれば，それが巨大な存在感をもって我々の前に立ち現れることはなかったのではないか．本書の寄稿者たちは各人の意識の中で，上に列挙した大きな争点を多少なりとも意識しつつ，結局は個別のトピックをそれぞれに掘り下げるという手法を採らざるをえなかったし，また論集として「アメリカ」の姿を追求していく際には，そうし

た手法こそが最良の選択肢であったかと，編者としては考えている．各々の寄稿者たちが明らかにした「点」を相互に結んでいけば，そこには何かしらの「線」が現れるだろう．本書が提起するのは，そうした線によって繋がれた問題群としての「アメリカ」である．

日本文化における「アメリカ」

　近代日本文化を語る上で，アメリカとの深いかかわりを無視することは誰の眼にも不可能事に映るだろう．しかし同時に，「アメリカ」を他者として見ることが，日本文化にとっては極めて困難であったという指摘も，これまでにしばしば行われてきた．その理由として，近代の日本文化を語る言説が，アメリカ文化の混交性を言挙げし，その正統性を認めないという態度を取りつつも，一方ではそれを自らと半ば同一視する，という傾向を帯びていたこと，換言するならば，「アメリカ」が近代の日本文化の「鏡」として機能していたという見立てが示されることも，すでに通説となっている．

　しかし，近年の資料環境の整備とそれに伴う研究の進捗が，そうした通説の具体的な再検討を強く促していることもまた事実である．第I部に収録される各論は，比較文学的な手法に基づきつつ，イノセントな享受／消費に終始したわけでは決してなかった「アメリカ」との交渉の具体相を描き出そうとしている．

　占領期から基地闘争を経由し，60年安保闘争へと至るいわゆる〈戦後〉が，近代日本におけるアメリカ言説のピークの1つであったことは誰もが認めるであろう．第I部には，この時期に関わる論考4編が収められている．

　江口真規「川端康成『伊豆の踊子』と *The Izu Dancer* ——アメリカ冷戦期文化政策と翻訳された自然——」は，川端康成『伊豆の踊り子』を1955年にエドワード・サイデンステッカーが英訳した *The Izu Dancer* の自然表象を，アメリカ冷戦期文化政策との関係から読み解こうとする．反共的な冷戦プロパガンダ誌に掲載された本作の自然が，「平和で異国情緒溢れる風景」として平板に再構成され，「19世紀的なオリエンタリズムを再現した「冷戦オリエンタリズム」の文脈で読まれることになった」経緯が丹念なテクスト分析によって検

証されるのだが，しかし，江口は，そうした性質がアメリカの政策的な意図によって単に押し付けられたのではなく，原作に包含されていた一側面であり，また「戦後，吉永小百合ら国民女優を起用することで繰り返し制作された『伊豆の踊子』の映画化においても強調され」ていった経緯に明らかなように，日本文化内部によっても主体的に再生産されたものであったことをあわせて指摘している．

　小林竜一「民主主義とエマソン——高木八尺におけるアメリカ言説のアイロニー——」は，日本におけるアメリカ研究を牽引した高木八尺が，敗戦後の社会状況下に展開したエマソンについての積極的な言及に着目する．「明治以来の近代化における挫折の根本的原因が「絶対者の不在」にあると認識していたのであり，この点において，高木は敗戦後の日本に戦前と一向に変わらぬ状況を危惧した」として，戦後の高木による「エマソン・イメージ」言説が，絶対者＝信仰の導入を企図したものであったことを読み開く小林論文は，しかし，国家独立の軸としてエマソンを受容しようとし，アメリカの独立成功体験に日本をなぞらえようとした高木の限界，すなわち反キリスト教的，反国家的アナキストとしてのエマソンの側面を見落とし，それゆえに皇室をめぐる問題に矛盾を抱えたことをその結論としている．

　山﨑義光「大衆社会の『美』に逆らうもの——三島由紀夫の批評的創造——」は，三島由紀夫が展開した大衆文化論の批評性を評価し，親米派として知られる三島が「無意識無自覚に「アメリカの影」に浸透されて「日本」を見出したと考えるとすれば，三島の批評的な「日本」という視角が見えなくなる」として，通説的な理解に警鐘を鳴らす．「欧米を憧れや反発の基準とするのではない「ナショナリズム」」という三島の意識を強調し，その自覚の上でなされた文学・写真・映画にわたる三島の表現活動に，「日本的」な「美」の内閉（それは，グローバリズム，大衆化の動向を牽引した「アメリカの商業美術」の表裏を成すものとみなされる）に亀裂を入れ，それに「逆らふ」不可能な外部性を表象する批評的創造の手法を見出すことが，山﨑論文の骨子である．

　高橋由貴「村上春樹の『地獄の黙示録』受容とヴェトナム戦争——エッセイ『同時代としてのアメリカ』から小説『午後の最後の芝生』へ——」は，思想性，歴史性を欠いたまま「アメリカ」を受容したという従来の村上春樹批判を逆説

的に問い直し，彼のアメリカ文学，アメリカ映画に対する理解に，同時代を生きる鋭敏さが備わっていたことを強調する．「アメリカ」の自己分裂の危機と，その結果としての「大衆文化」化現象とを映画『地獄の黙示録』に見る作家のスタンスを重視する高橋論文は，戦争を回避しながら戦争を撮るプライヴェート・フィルムという方法の受容が，村上春樹作品の創作理論の根幹に据えられていく様相を明らかにしている．

　先の江口論文と小林論文とが，第二次世界大戦後の日本／アメリカ表象という問題系において対を成す側面を有していたのと同じく，山﨑論文と高橋論文とが明らかにした，「アメリカ」的な「大衆文化」に応接する二人の作家の言説は，互いにほぼ対極的な位置を占める，と言ってもよい．〈戦後〉において継続的に生じていたこうした振幅は，グローバリズムがある種の極点に達しようとしている現在，果たして過去のものとなっただろうか．

　さて，アメリカ言説高揚のもう 1 つのピークとして，1920〜30年代のいわゆるアメリカニズムの時代も忘れるわけにはいかない．谷崎潤一郎は，先にも論じられていた川端康成とともに，この時代のアメリカニズムを深く，貪欲に体験した挙げ句，そこから転じて〈日本回帰〉を果たした作家の代表格とみなされている．

　森岡卓司「ふたつの名前を持つ映画について――谷崎潤一郎『人面疽』論――」は，1929年の『痴人の愛』ロシア語訳に際して谷崎が表明したとされる「日本社会」の「アメリカ」化という認識に触れながら，彼の作家的営為を貫く地政学的な意識を，アメリカから帰国した映画俳優を主人公とする『人面疽』にたどろうとする．森岡論文が結論的に示そうとするのは，映画，あるいは「アメリカ」の与える享楽に谷崎が没入する深さではなく，そうした享楽の体験に関して谷崎が持った批評意識の強度，「アメリカの文化を真似び，そこに限りなく近接したいという欲望を抱くことではなく，肯定的にも否定的にもアメリカを媒介とした欲望＝主体を自ら形作る，という不可逆な変化」を観察する谷崎のメタレベルからの視線である．

　仁平政人「『アメリカ』を書き直す――川端康成の1930年前後をめぐって――」は，川端が「〈外国＝未来〉という超越的審級に支えられた銀座のモダンさ（アメリカニズム）」にではなく，「「モダン」なものも含めて「一切のもの」を溶かし，

「新たに」作りかえてしまうような浅草のあり方に価値を見いだしていた」ことを指摘しつつ,『風鈴キングのアメリカ話』における「日米の交通に関わる歴史／物語を批評的かつアイロニカルに読みなおそうとする語り手のあり方」に具体的なその転換を読み込んでいる.

　森岡論文と仁平論文は,明治以降の日本文学において描き継がれた,アメリカに渡った日本人の苦難と波乱に満ちた経験,という主題の系譜を問題にする,という点でも共通しているが,仁平論文においては,作家がこの問題に接近するにあたって参照した資料について特筆すべき新たな指摘が行われており,そこには,以降の川端に固有の展開を実証的に見直す手がかりが示されている.

アメリカ言説の諸相

　中村唯史「親愛なるアメリカの不在――ロシア語亡命詩人ブロツキーの詩学・世界図――」は,ソ連から追放されアメリカ合衆国へと移り住んだ詩人ヨシフ・ブロツキーを分析対象として,その詩学における「アメリカ」を定位しようとする.ブロツキーは合衆国へのロシア人亡命者の中では,アメリカに最も適応した人物と目されており,他の亡命ロシア知識人の多くとは違って,彼が語るアメリカ像は概して好意的なものであった.

　しかしながら,中村の議論によれば,ブロツキーのそうした好意的な感情は,「生活の場」としてのアメリカに限定される.ブロツキーはその詩やエッセイで,アメリカを取り上げることがほとんどなかった.彼の詩学の根幹には,具象としての「空間」から抽象としての「時間」への昇華,さらにはその果てに現出する,ヨーロッパ中心主義的な理念そして言葉への絶対的な信頼があった.上記の立場からすれば,自身の亡命を含む彼のアメリカ体験も,二次的な意義を持つものにすぎなかったという.

　ソ連体制下では苛烈な思想弾圧にもかかわらず,文学や芸術の特権性は自明の前提とされており,この前提のもとにこそ,高度に抽象的な数々の作品が育まれてきた.ヨーロッパ中心主義的な世界図を抜き難く内包したブロツキー詩学の「徹底的な形而上性」は,亡命によって「1つの帝国から別の帝国に」移り住んだ後も揺らぐことがなかった.「ブロツキーのアメリカへの順応とは

……ソ連体制下で保持されていた古典的な詩人像と文学観とを米国の商業的な文学シーンであえて貫き，逆に商品として確立して流通させることだったと言えるかもしれない」という中村の分析は秀逸であり，いつもながらの抜群な切れ味を示している．

　佐野正人「ポストコロニアルなアメリカ表象へ――韓国における〈戦後〉のアメリカ表象をめぐって――」は，韓国映画を主な分析対象としつつ，韓国における戦後の「アメリカ」表象を縦横に論じている．韓国にとってのアメリカ合衆国とは，一方では日本の植民地支配を終わらせるうえでの恩人そして友邦であったが，他方，そうした肯定的なアメリカ観は，合衆国こそが韓国における軍事政権の強力な支持者であったという事実，光州事件への不介入，そして在官米軍の横暴といったネガティブな要素によって著しく減殺されてきた．

　こうした相互に対立するアメリカ観は，ポストコロニアル国家としての韓国がアメリカ合衆国との間に抱える様々な葛藤に由来している．日本と同じくアメリカ合衆国の圧倒的な影響下に置かれたとはいえ，韓国は独自の〈戦後〉を経験してきたわけであり，そこにおける「アメリカ」とは，韓国が対峙せざるをえない「世界帝国としての『他者』」であった．それゆえに「アメリカ」とは，韓国にとって「自らのアイデンティティを立ち上げ，深化させていったのかを測るためのまたとない試験紙でもあった」と佐野は指摘する．

　佐野は上記のような観点から，韓国にとっての〈戦後〉とアメリカとの関係史を略述した上で，韓国映画に現れたアメリカのイメージを分析している．ここで佐野が注目するのは，『トンマッコルへようこそ』そして『グエムル　漢江の怪物』といった，反米表象を多々含んだ，いわゆる「386世代」の監督たちの映画である．『トンマッコルへようこそ』に登場する，レーダーや計器に囲まれた無機質で暗い作戦司令部や，そこで勤務する無感情なアメリカ軍兵士たちは，強大な世界帝国アメリカのまさに具現であり，同作品中で描かれる韓国軍兵士と北朝鮮軍兵士との人間的な交情と著しい対立を示している．また『グエムル　漢江の怪物』では，気まぐれなアメリカ人の上官が韓国人の部下に命じて漢江に毒物ホルムアルデヒドを流させ，その結果として怪物が生まれてしまう．ホルムアルデヒドそして怪物は，グローバリズムへと容易に読み替え可能な寓喩であり，またここでのアメリカとは，毒物を韓国さらには世界に垂れ

流して怪物を登場させた張本人として措定されているわけである.

　386世代の韓国人に典型的に見られるように, ポストコロニアルな韓国のア
イデンティティは, 上記のような極めて批判的なアメリカ観と表裏を成しつつ
成立していった. 韓国建国直後には「血で結ばれた」「永遠の友邦」であった
アメリカは, 韓国固有の〈戦後〉を経て劇的に変化し,「冷戦下で長く抑圧さ
れてきた……負の記憶や, 反共主義の中で非人間化されてきた北朝鮮の民衆た
ちとの連帯が映画的表象として語られるようになるのと並行して, アメリカは
〈戦後〉の冷戦体制や朝鮮半島の分断をもたらした主体として認識されていく
ようになる」という, 佐野の指摘は興味深い.

　梁姫淑「ゾンビ――アポカリプス的世界観から生み出される未来への希望
――」は, 佐野論文と同じく映像を主な分析対象としつつ, アメリカのドラマ
『ウォーキング・デッド』におけるゾンビ表象とその意味を検討する. もとも
とゾンビとは, ヴードゥー教呪術によって蘇った死体であるが, これが1960年
代にはアメリカのカウンターカルチャーに取り込まれ, またマイケル・ジャク
ソンの「スリラー」(1983年)に代表されるように, アメリカン・ポップカルチャー
の1つのアイコンとして定着するに至る. 梁の指摘によれば, ゾンビ映画はそ
の後も隆盛を極め, 2002年からおよそ10年弱の期間に現れたゾンビ映画の数は,
実に300本を超えるという.

　梁論文はまずゾンビ映画の歴史を概観しながら, ゾンビ映画の大衆的な魅力
やその商品化への欲望の淵源を探ろうとする. 梁が着目するのは,「不安のバ
ロメーター」としてのゾンビの役割である. ゾンビという表象に熱狂する大衆
の心に共通するのは, 時代ごと, あるいは社会情勢ごとのさまざまな不安であ
り, そうした不安をいわば糧として登場したゾンビは, 今やアメリカン・ポッ
プ・カルチャーの内部で, 1つの顕著なアイコンと化している.

　梁はアメリカのドラマ『ウォーキング・デッド』を, 上記のようなゾンビ表
象の潮流のいわば集大成と捉えて分析を試みる.『ウォーキング・デッド』は
廃墟とゾンビに満ちた物語であり, そこには「ゾンビによって演出されるアポ
カリプス的世界観」, つまり現代アメリカ社会の底流にある不安と強く照応す
る, 一連のメタフォリックな世界観が表出している.『ウォーキング・デッド』
の描く, ゾンビウィルスが蔓延して混乱を極める社会とは, まさに1つの極限

状況であり，そこで人々は対立を繰り返し愚行を重ねることで一層の不幸の連鎖を招いていく．その意味で本作品は「世界を破滅に追い込むのはゾンビではなく人間の行動」というメッセージを確かに暗示しているものの，他方で梁は，安住の地を探し求めて旅を続ける主人公たちの姿に，目前の不安の向こうにあるはずの希望，つまり「アポカリプス的世界観に託された希望のメッセージ」を読み取っている．

　金子淳「司馬遼太郎が見たアメリカ——比較文化心理学・文化心理学・異文化マネジメントの観点から——」は，司馬遼太郎『アメリカ素描』を分析対象とし，司馬のアメリカ文化理解に関して再考を試みている．司馬の著作の多くは日本あるいはアジアを扱ったものであり，その意味で『アメリカ素描』は，彼の作品としてはやや異質な観がある．『アメリカ素描』は読者の間で概して好評であったが，他方，そこに提示されるアメリカ観に対しては，内容的な不備やアメリカ理解の不足を指摘する声もあったという．

　金子は『アメリカ素描』をめぐる上述のような評価に対して，独自の立場からの応答を試みる．具体的には，エリン・メイヤーが社会心理学や比較文化心理学そして異文化コミュニケーションの知見を導入しつつ作成した8つの指標を，『アメリカ素描』の解釈に適用することで，司馬のアメリカ理解の当否を測定しようとする．

　金子はメイヤーの指標を用いて『アメリカ素描』を分析した後，「『アメリカ素描』において，司馬は，アメリカ文化を日本文化と対比させつつ，その違いを的確に把握し，記述していた」との結論を出している．異文化理解を定量化する試みが，個々の論者の主観を超えた「客観的な理論・基準」を担保しうるものなのか，という点については，読者の間でおそらく賛否両論があるだろうが，金子論文が『アメリカ素描』をめぐって，従来とは一線を画した解釈の地平を示していることは，注目に値する．

　塩谷昌弘「江藤淳の〈反米〉と『私』——『アメリカと私』再読——」は，江藤淳の『アメリカと私』を通説とは異なる視点から解剖しようとする．『アメリカと私』は，江藤が1962年から1964年の2年間，プリンストン大学に留学した際の留学体験記である．この滞米体験は，いわゆる反米保守としての江藤の原点とされる．江藤が戦後日本において自覚的に保守思想家として活動して

いくのは，この留学以降であり，『アメリカと私』は，敗戦とそれに続く戦後日本の現実によって踏みにじられた，江藤自身のアイデンティティの希求あるいは回復の端緒を示す作品として，通常は捉えられてきた．

　江藤自身の保守思想そして『アメリカと私』に関する上記のような通説を，塩谷は全面的に否定しているわけではない．一見して，江藤が例えば人種や民族や国民という点で「単一の『アメリカ』を想定」している場合は確かにあり，その意味では「江藤の〈反米〉言説は，こうした単一の『アメリカ』と対峙することで成立している」と捉えることは可能である．

　ただし，『アメリカと私』を仔細に読み解くことで現れるのは，そのような平板なアイデンティティの姿ではない．同書の中には「〈反米〉の起源としての単一の『私』だけが表象されているわけではな」く，「むしろ矛盾を孕んだ『私』が，同一的な主体を否定するように存在して」おり，その意味で，『アメリカと私』に関して真に問題とされるべきは，江藤の〈反米〉言説の背後に見え隠れする，彼自身の「『私』の複数性」なのである．

　塩谷はこのような認識に基づき，『アメリカと私』が2つの相異なる要素から成っていることに着目する．同書の第一部は帰国後の江藤が雑誌に連載した「アメリカと私」であり，留学中に日本に書き送った通信文「アメリカ通信」は，同書の第二部にあたる．第一部「アメリカと私」を読めば，そこに認められるのは，アメリカでの新体験をみずからのアイデンティティ回復の物語へと取り込もうとする，一貫した構成を目指す意志であり，他方，第二部はそれぞれの話が孤立した，いわばエピソードの羅列とも見なされうる．

　ここで塩谷は通説とは距離を起きつつ，『アメリカと私』の内容をいったん解体して時間軸に沿って再配列したうえで，反米保守としての江藤というアイデンティティの物語のいわば行間を読み，そうした物語に回収しえない江藤の「私」を問題化する．こうした作業によって現れる江藤の「私」とは，もはや矛盾なき単一のアイデンティティではなく，例えばアメリカ南部に「美と頽廃した権力の腐臭との対照がつくり出す奇妙にエロティックなアイロニイ」を見出す「私」や，また一枚岩のアメリカ観からしばしば疎外されてきたマイノリティや弱者といった要素を，素朴な形ながら，ともかくも感じ取る「私」である．こうした「『アメリカと私』というテクストが孕む『私』の複数性」は，

同書第一部に見出される，反米保守としての江藤の始原的な「私」という起点からは，決して導きえない．江藤の〈反米〉言説は主体の一貫性を明らかに前提としており，したがって「〈反米〉の宛先である『アメリカ』は，単一の『アメリカ』として表象」されなければならなかった．ただし一方で，「『アメリカと私』というテクストは，そうした同一的な主体の回復を描きながらも，テクスト内部からその同一性を崩壊させるようなテクストだった」と主張する塩谷論文は，同書あるいは江藤の思想を再解釈するうえでの，知的にスリリングな一法を提起している．

伊藤豊「反米主義──『感情のうねり』をめぐる私考──」では，「反米主義（anti-Americanism）」をめぐって主に2000年代に現れた様々な議論が分析されている．こうした議論が顕著化したきっかけは，2001年の9.11テロと直後のアフガニスタン攻撃，そして2003年に始まったイラク戦争である．アメリカ側が「テロとの戦い」と呼んだ，これら一連の戦争は，世界各地に激しい反米感情を引き起こしたとされるが，伊藤は本論で，この「感情」を特に問題視する．

つまり，世界の反米化の主因がアメリカ合衆国による利己的な戦争への批判にあったとすれば，反米とは単なるアメリカ嫌悪ではなく，むしろアメリカの外交や軍事に対する理性的または論理的な批判の発露と捉えて然るべきであろう．他方で，特に9.11後のヨーロッパで顕著化した反米主義の本質とは，実はアメリカへの憎悪や偏見といった「感情」ではなかったか，という見方も根強く存在する．

伊藤は対極に位置するこれら両者の立場に目配りしつつも，特に「反米主義を批判的に扱う側」の言論に注目することで，反米言説の「感情」的な側面を解明しようとする．9.11後のヨーロッパにおける反米主義をめぐって，主にアメリカ側で現れた批判に依拠しつつ，伊藤は当時の「『反米感情のうねり』の底流に，アメリカ（ニズム）をネガティヴな準拠枠とする対抗アイデンティティへの希求，つまり『自分探し』の営為があった」という仮説を提示する．

伊藤論文の末尾では，上記の仮説を延長する形で，日本における代表的な反米主義研究である（と伊藤が目する）吉見俊哉『親米と反米』を，「極めて『感情的』な『自分探し』の，１つの現出例」であると断じている．こうした判断が的を射たものかどうかについては，大いに議論の余地があろう．ただし，「ア

メリカ」を現在進行形で語ろうとすればするほど，扱いはおのずとポレミカルにならざるをえないというのも，また真実ではあるまいか．そういった点を含めて，分析対象であり本来は距離を置くべき「感情のうねり」に，伊藤もまた多少なりとも自ら与しているという批判は免れまい．伊藤論文の「感情的」側面の是非は，読者の判断に委ねたいと思う．

お わ り に

　以上，収録順序に従いつつ各論の概要を紹介することで，本書の主旨を示そうとしてきたが，本書の成り立ちにおいては，こうした配列の編集を行う意図が先行していたわけではない．むしろ，同一のテーマに基づく研究会を継続的に開催する中で，個々の研究発表に刺激を得ながら広がっていった議論に，仮の中綴じとしての構成を施した結果が本書である，という方が実情に近い．したがって，ここまで辿ってきたのとは異なる「線」で，それぞれの議論に示された「点」を結ぶことは充分に可能であり，また，そうした「線」がどれだけ多く引かれるかに，本書の成否は賭けられている，とも言える．

　日本比較文学会東北支部の企画した研究会において，「アメリカ」が継続特集テーマとして明示されたのは2015年12月の東北大会から2016年7月の第14回比較文学研究会に至るほんの数回に過ぎないが，その前後にも断続的ながら関連する研究発表が行われており，その期間はおおよそ5年間に及ぶ．この間，残念ながらこの論集に参加はされなかった方を含め，多くの方が企画に関心を持っていただき，議論に参加していただいたこと，また，それらの研究会を支えてくださった東北支部会員，幹事のみなさまには，当時の企画担当者として，改めて心からの御礼を申し上げたい．

　本書が読者によって多くの光に照らされ，各章に示された議論が乱反射する「鏡」として機能し，新たな論点を多様に浮上させることを願っている．

　　2020年5月

伊 藤　 豊・森 岡 卓 司
（編集代表者）

◆《著者紹介》（執筆順，＊は編集代表者）

森 田 直 子（もりた　なおこ）[はじめに]

東京大学大学院総合文化研究科博士後期課程単位取得退学．博士（文学）．現在，東北大学大学院情報科学研究科准教授．『「ストーリー漫画の父」テプフェール──笑いと物語を運ぶメディアの原点──』（萌書房，2019年），『テクストとイメージ──アンヌ＝マリー・クリスタンへのオマージュ──』（共著，水声社，2018年），『マンガ視覚文化論』（共著，水声社，2017年）．

江 口 真 規（えぐち　まき）[第1章]

筑波大学大学院人文社会科学研究科博士課程修了．博士（文学）．現在，筑波大学人文社会系助教．『日本近現代文学における羊の表象──漱石から春樹まで──』（彩流社，2018年），『異文化理解とパフォーマンス── Border Crossers ──』（共著，春風社，2016年），*The Semiotics of Animal Representations*（共著，Rodopi，2014年）．

小 林 竜 一（こばやし　りゅういち）[第2章]

早稲田大学大学院社会科学研究科博士後期課程単位取得退学．博士（学術）．現在，江戸川学園取手中・高等学校教諭．『比較文化の可能性──日本近代化論への学際的アプローチ──』（共著，成文堂，2007年），『国際社会で活躍した日本人──明治〜昭和13人のコスモポリタン──』（共著，弘文堂，2009年），『北東アジアのことばと人々』（共著，大学教育出版，2013年）．

山 﨑 義 光（やまざき　よしみつ）[第3章]

東北大学大学院文学研究科博士後期課程修了．博士（文学）．現在，秋田大学教育文化学部准教授．『日本浪曼派とアジア』（共著，晃洋書房，2019年），「「存在の無力」という「時代の悩み」──「幸福といふ病気の療法」論──」（松本徹・佐藤秀明・井上隆史・山中剛史編，『三島由紀夫研究』15，2015年），「二重化のナラティヴ──三島由紀夫『美しい星』と一九六〇年代の状況論──」（昭和文学会編，『昭和文学研究』43，2001年）．

高 橋 由 貴（たかはし　ゆき）[第4章]

東北大学大学院文学研究科博士後期課程修了．博士（文学）．現在，福島大学人間発達文化学類准教授．「「アトミック・エイジの守護神」論」（『日本文学』66（11），2017年），「大江健三郎「死者の奢り」におけるサルトル受容」（『昭和文学研究』74，2017年）．

＊森 岡 卓 司（もりおか　たかし）[編集代表者・第5章・あとがき]

奥付参照

仁 平 政 人（にへい　まさと）[第6章]

東北大学大学院文学研究科博士後期課程修了．博士（文学）．現在，東北大学大学院文学研究科准教授．『川端康成の方法──二〇世紀モダニズムと「日本」言説の構成──』（東北大学出版会，2011年），『寺山修司という疑問符』（共編著，弘前大学出版会，2014年），「「旅行」する言葉，「山歩き」する身体──川端康成『雪国』論序説──」（『日本文学』66（6），2017年）．

中 村 唯 史（なかむら　ただし）[第7章]

東京大学大学院人文科学研究科博士課程中途退学．文学修士．現在，京都大学大学院文学研究科教授．『再考ロシア・フォルマリズム──言語・メディア・知覚──』（共編著，せりか書房，2012年），『自叙の迷宮──近代ロシア文化における自伝的言説──』（共編著，水声社，2018年），

『二十六人の男と一人の女——ゴーリキー傑作選——』(翻訳・解説, 光文社〔光文社古典新訳文庫〕, 2019年).

佐野正人 (さの　まさと) [第8章]

東北大学大学院文学研究科博士後期課程修了. 博士 (文学). 現在, 東北大学国際文化研究科教授. 「旅をする文学——明治三〇年代日本文学と東アジアネットワーク——」(『日本近代文学』58, 1998年), 「1930年代東アジアのトランスナショナル文学空間の生成」(『동아시아 문화 공간과 한국 문학의 모색 (東アジア文化空間と韓国文学の模索)』語文学社 (韓国), 2014年), 「李箱——ポストコロニアルな詩人——」(『現代詩手帖』62 (8), 思潮社, 2019年).

梁　姫淑 (やん　ひすく) [第9章]

埼玉大学大学院文化科学研究科博士後期課程修了. 博士(学術). 現在, 福島大学非常勤教師. 「祖国に対する愛情のゆれ——張赫宙『嗚呼朝鮮』を中心に——」(昭和文学会編, 『昭和文学研究』66, 2013年), 「張赫宙の戦後の出発——在日朝鮮人民族団体との関係を中心に——」(日本社会文学会編, 『社会文学』38, 2013年).

金子　淳 (かねこ　じゅん) [第10章]

新潟大学大学院現代社会文化研究科修了. 博士 (学術). 現在, 山形大学地域教育文化学部准教授. 『John Steinbeck の Non-Teleological Thinking と語りの構造』(大阪教育図書, 2003年), 「英語教育と評価研究——学習到達目標 (CAN-DO リスト等) について——」(西原哲雄編, 『英語教育と言語研究』朝倉書店. 2018年), A Study Assessing the Feasibility of Using Musio X AI Robots to Assist in English Studies at Elementary Schools: Text Mining Analysis and Considerations (共著, *TELES Journal* 40. 2020年).

塩谷昌弘 (しおや　まさひろ) [第11章]

北海学園大学大学院文学研究科日本文化専攻博士課程修了. 博士 (文学). 現在, 盛岡大学准教授. 「江藤淳 (江頭淳夫)「長谷川潔論」と岳父・三浦直彦」(『日本近代文学会北海道支部会報』13, 2010年), 「江藤淳「一族再会・第二部」とその周辺」(『近代文学資料研究』2, 2017年), 「江藤淳主要著作解説」(『江藤淳——終わる平成から昭和の保守を問う——』河出書房新社, 2019年).

＊伊藤　豊 (いとう　ゆたか) [編集代表者・第12章・あとがき]

奥付参照

【編集代表者紹介】

伊 藤　　豊（いとう　ゆたか）
　　ラトガーズ大学大学院博士課程修了．Ph.D.（アメリカ文化史）．現在，山形大学人
文社会科学部教授．『反米の系譜学——近代思想の中のアメリカ——』（共訳，ミネ
ルヴァ書房，2010年），「リベラル・ナショナリズムとしての移民同化論」（富沢克編
『「リベラル・ナショナリズム」の再検討——国際比較の観点から見た新しい秩序像
——』ミネルヴァ書房，2012年），『ヴェール論争——リベラリズムの試練——』（共訳，
法政大学出版局，2015年）．

森 岡 卓 司（もりおか　たかし）
　　東北大学大学院文学研究科博士後期課程修了．博士（文学）．現在，山形大学人文
社会科学部教授．『1940年代の〈東北〉表象——文学・文化運動・地方雑誌——』（共
編著，東北大学出版会，2018年），「谷崎潤一郎の描く辻潤」（五味渕典嗣・日高佳紀編，
『谷崎潤一郎読本』翰林書房，2016年）．

問題としての「アメリカ」
——比較文学・比較文化の視点から——

2020年8月10日　　初版第1刷発行　　　　＊定価はカバーに
　　　　　　　　　　　　　　　　　　　　　表示してあります

　　　　　　　　　　　編　者　　日本比較文学会東北支部©

　　　　　　　　　　発行者　　萩　原　淳　平

　　　　　　　　　　印刷者　　河　野　俊一郎

　　　　　発行所　株式会社　晃　洋　書　房

　　　　〒615-0026　京都市右京区西院北矢掛町7番地
　　　　　　　　　　電話　075（312）0788番（代）
　　　　　　　　　　振替口座　01040-6-32280

装丁　野田和浩　　　　　印刷・製本　西濃印刷㈱
ISBN 978-4-7710-3373-3